Reihe *leicht gemacht*®

Herausgeber:
Prof. Dr. Hans-Dieter Schwind, Hochschullehrer
Dr. Peter-Helge Hauptmann, Richter

Die Steuer der Personengesellschaften

leicht gemacht

Die Ertragsbesteuerung der GbR, OHG, KG, GmbH & Co. KG, stillen Gesellschaft sowie deren Gesellschafter

2., überarbeitete und erweiterte Auflage

von

Franz Heinen

Diplom Finanzwirt

Ewald v. Kleist Verlag, Berlin

Besuchen Sie uns im Internet:
www.leicht-gemacht.de

Umwelthinweis:
Dieses Buch wurde auf chlorfrei gebleichtem Papier gedruckt

Autoren und Verlag freuen sich über Anregungen
Gestaltung: Michael Haas, www.montalibros.eu; J. Ramminger, Berlin
Druck & Verarbeitung: Druck und Service GmbH, Neubrandenburg
leicht gemacht® ist ein eingetragenes Warenzeichen

ISBN 978-3-87440-290-3

Inhalt

Übersichten

I. Grundlagen der Unternehmensform

Lektion 1: Wahl der Unternehmensform und steuerliche Folgerungen

Fall 1

Handwerksmeister Fleissig denkt mit 60 Jahren an die Nachfolge in seinem Betrieb. Er will sich langsam zurückziehen, jedoch nicht ganz aufhören. Sein Sohn, der bei einem Konkurrenzbetrieb die Meisterprüfung abgelegt hat, soll in den Betrieb einsteigen. Welche Möglichkeiten haben Vater und Sohn?

Verschiedene Alternativen bieten sich an:

- Der Sohn wird als Arbeitnehmer eingestellt
- Es wird eine GmbH gegründet, an der Vater und Sohn beteiligt sind.
- Vater und Sohn gründen eine Personengesellschaft

Alle drei Alternativen haben sowohl zivilrechtlich als auch steuerrechtlich unterschiedliche Folgerungen.

Bei einer Einstellung als Arbeitnehmer bleibt der Vater weiterhin Betriebsinhaber mit allen Rechten und Pflichten. Er als Einzelunternehmer trifft die unternehmerischen Entscheidungen, trägt allein das Haftungsrisiko und ist gegenüber Banken rechenschaftspflichtig. Für die betrieblichen Steuererklärungen ist er allein verantwortlich. Das gilt auch hinsichtlich der Steuerabzugsbeträge für den Arbeitslohn des Sohnes.

Bei der zweiten Alternative, der Gründung einer GmbH, entsteht eine Gesellschaft mit eigener Rechtsfähigkeit. Es handelt sich um eine juristische Person, die selbst Träger von Rechten und Pflichten ist. Sie kann Eigentum erwerben, Verträge abschließen und vor Gericht klagen und verklagt werden.

Diese Gesellschaftsform hat einige formelle Hürden:

- Das Gründungsprotokoll und der Gesellschaftsvertrag müssen notariell beurkundet werden.
- Erst mit Eintragung in das Handelsregister entsteht die GmbH.
- Das Stammkapital der Gesellschaft muss **mindestens 25.000 Euro** betragen, mit einer tatsächlich geleisteten Mindesteinlage von 12.500 €.
- Ein Geschäftsführer muss bestellt werden.
- Es muss eine jährliche Gesellschafterversammlung einberufen werden
- Der Gewinn ist durch eine doppelte Buchführung mit Jahresbilanz zu ermitteln

Auf der anderen Seite ist die Haftung der Gesellschaft auf deren Vermögen begrenzt. Die Gesellschafter haften den Gläubigern gegenüber nicht.

Steuerlich wird die GmbH mit 15% Körperschaftsteuer auf den erzielten Jahresgewinn belastet. Zusätzlich müssen noch 5,5% Solidaritätszuschlag gezahlt werden. Das gilt unabhängig davon, ob der Gewinn in der Körperschaft verbleibt oder an die Gesellschafter ausgeschüttet wird.

Der Arbeitslohn von Vater und Sohn, die als Gesellschafter-Geschäftsführer Arbeitnehmer sind, mindert den Gewinn der GmbH. Beide versteuern ihre Einkünfte wie andere Arbeitnehmer.

Gewinne, die ausgeschüttet werden, z.B. Tantiemen, unterlagen beim Empfänger bis 2007 dem „**Halbeinkünfteverfahren**“, d.h. nur die Hälfte der Erträge ist steuerpflichtig. Seit 2009 werden die Erträge mit dem „**Teileinkünfteverfahren**“ (= 60%) besteuert, wenn die Beteiligung zum **Betriebsvermögen** gehört. Erträge aus im **Privatvermögen** gehaltenen Beteiligungen werden mit einem pauschalen Abgeltungssteuersatz von 25% belastet.

Die Gründung einer **Personengesellschaft** als **dritte Alternative** ist eine einfache Gesellschaftsform mit geringen Hürden. Diese Rechtsform ist vor allem dann richtig, wenn mehrere Personen ein kleingewerbliches oder freiberufliches Unternehmen gründen.

Je nach Art der Personengesellschaft sind nur ganz minimale formelle Erfordernisse vorhanden. Bei einer GbR zum Beispiel reicht auch ein mündlicher Gesellschaftsvertrag. Eine Eintragung in das Handelsregister ist nicht erforderlich.

Die Personengesellschaft gehört zu den nicht rechtsfähigen Personenvereinigungen. Sie ist daher kein eigenes Steuersubjekt und unterliegt weder der Einkommensteuer noch der Körperschaftsteuer. Der Gewinn oder Verlust wird auf der Ebene der Personengesellschaft ermittelt und den einzelnen Gesellschaftern direkt zugerechnet. Die Gesellschafter können steuerlich nicht als Arbeitnehmer behandelt werden. Sämtliche Zahlungen gehören zum Gewinnanteil.

Leitsatz 1

Wahl der Rechtsform des Unternehmens

Bei der Wahl der Gesellschaftsform sollte neben den formellen Gründungsanforderungen auch die weitere Handhabung im laufenden Geschäftsverkehr abgewogen werden. Im **Einzelunternehmen** ist man selbst „Herr im Hause", muss aber gleichzeitig das gesamte unternehmerische Risiko allein tragen. Die **Kapitalgesellschaft** erfordert höhere zivilrechtliche und steuerrechtliche Fachkenntnisse, die der Unternehmer neben seinem eigentlichen betriebswirtschaftlichen Sachverstand einsetzen muss. Ggf. muss mit höherem Aufwand für Beratungskosten gerechnet werden.
Eine einfache **Personengesellschaft** können zwei oder mehrere Personen relativ problemlos gründen oder aber sie kann fast nahtlos nach einem bestehenden Einzelunternehmen fortgesetzt werden.

Die nachfolgende Übersicht 1 verschafft Ihnen einen Überblick über die steuerlichen Folgerungen bei der Rechtsformwahl des Unternehmens.

Übersicht 1: Steuerliche Folgerungen der Unternehmensform

Einzelunternehmen	Kapitalgesellschaft	Personengesellschaft
Die gewerbliche/ freiberufliche Tätigkeit ist einkommensteuerpflichtig	Die Kapitalgesellschaft ist selbst steuerpflichtig – Körperschaftsteuer 15 % – Solidaritätszuschlag 5,5 %	Die Gesellschaft ist weder einkommensteuerpflichtig noch körperschaftsteuerpflichtig. Die Gewinnanteile werden bei der Personengesellschaft festgestellt und den einzelnen Gesellschaftern zugerechnet.
Bemessungsgrundlage ist der Gewinn laut Einnahme-Überschuss-Rechnung oder Bilanz	Bemessungsgrundlage ist der Gewinn laut Bilanz	Bemessungsgrundlage ist der Gewinn laut Einnahme-Überschuss-Rechnung oder Bilanz
„Unternehmerlohn" ist keine Betriebsausgabe, sondern Gewinn	(angemessener) Arbeitslohn an Gesellschafter mindert als Betriebsausgabe den Gewinn	Sämtliche Zahlungen an Gesellschafter gehören zum Gewinnanteil. Eine Behandlung als Arbeitnehmer ist nicht möglich
Der Gewinn wird zu 100 % versteuert wie andere Einkünfte. Eine Gewerbesteuerbelastung mindert die Einkommensteuer .	Eine Gewinnausschüttung unterlag dem Halbeinkünfteverfahren, d.h. es waren nur 50 % der Einkünfte zu versteuern. Seit 2009 Teileinkünfteverfahren = 60 % steuerpflichtig im Betriebsvermögen und 25 % Abgeltungssteuer im Privatvermögen. Arbeitslohn an die Gesellschafter zu 100 % steuerpflichtig.	Der Gewinnanteil wird zu 100 % versteuert wie bei dem Einzelunternehmer. Eine Gewerbesteuerbelastung bei der Gesellschaft mindert die Einkommensteuer der Gesellschafter.

II. Rechtsformen der Personengesellschaften

Bei der Art der Personengesellschaft hat der Unternehmer teilweise eine Wahlmöglichkeit, teilweise sind gesetzliche Vorgaben für eine bestimmte Rechtsform vorhanden. Die in der Praxis überwiegend vorkommenden Gesellschaftsarten sind:

- Gesellschaft bürgerlichen Rechts (GbR), §§ 705–740 BGB
- Handelsgesellschaften
  - Offene Handelsgesellschaft (OHG), §§ 105–160 HGB
  - Kommanditgesellschaft (KG)
  - GmbH & Co. KG, §§ 161–177a HGB
- Stille Gesellschaft, §§ 230–237 HGB

Weitere Gesellschaftsformen sollen hier nicht angesprochen werden, da diese nur im Ausnahmefall gewählt werden.

Lektion 2: Gesellschaft bürgerlichen Rechts

Fall 2

Elektromeister Ernst will nebenberuflich eine gewerbliche Tätigkeit ausüben. Für die Buchführung und Rechnungslegung fehlt ihm die Zeit und auch das Fachwissen. Er will daher mit Kaufmann, der kaufmännischer Angestellter ist, eine Gesellschaft gründen. Welche Rechtsform eignet sich am besten?

Für ein kleingewerbliches oder freiberufliches Unternehmen ist die GbR die richtige Rechtsform. Die Gründung ist kaum mit Kosten verbunden, da der Gesellschaftsvertrag nicht notariell beurkundet werden muss. Es reicht aus, wenn die Gesellschafter auf einem formlosen Papier die wesentlichen Dinge festhalten:

- Namen der Gesellschafter
- Unternehmenszweck,
- Sitz/Ort der Geschäftsleitung
- Bestimmungen über die Aufgabenverteilung, die Geschäftsführung und die Vertretung nach außen,
- Gewinn- und Verlustbeteiligung
- Ggf. ein Wettbewerbsverbot oder eine Schiedsgerichtsklausel

Eine Eintragung in das Handelsregister ist nicht erforderlich. Auch der Aufwand für die laufende Buchführung hält sich in Grenzen, da vereinfacht Einnahmen und Ausgaben gegenüber gestellt werden.

Bei einer GbR droht grundsätzlich die Haftungsfalle. Sowohl das Finanzamt als auch andere Gläubiger werden jeden Gesellschafter für Schulden der Gesellschaft **in vollem Umfang** in Anspruch nehmen, unabhängig von dem jeweiligen Beteiligungsverhältnis. Die Haftung erstreckt sich auf das gesamte – auch private – Vermögen.

Leitsatz 2

Gesellschaft bürgerlichen Rechts

Die GbR wird als einfachste Gesellschaftsform in der Regel für kleine Betriebe oder aber freiberufliche Tätigkeiten in Betracht kommen. Wichtig ist, dass der Gesellschafter sich des Haftungsrisikos bewusst ist.

Für Ernst und Kaufmann ist die Gesellschaftsform der GbR sinnvoll, da es sich um eine nebenberufliche Tätigkeit in geringem Umfang handelt. Ferner steht die persönliche Arbeitsleistung der Gesellschafter im Vordergrund.

Lektion 3: Handelsgesellschaften, OHG, KG, GmbH & Co. KG

Fall 3

Baumeister führt seit mehreren Jahren ein größeres Bauunternehmen allein. Er kommt mit seinem Prokuristen zu dem Entschluss, eine Gesellschaft zu gründen. Welche Gesellschaftsform - außer der GbR - bietet sich an?

Die Alternative zur GbR ist eine Handelsgesellschaft. Es bestehen drei Möglichkeiten:

- Offene Handelsgesellschaft (OHG)
- Kommanditgesellschaft (KG)
- GmbH & Co. KG

Für alle Gesellschaften gilt, dass diese im Geschäftsleben unter einem eigenen (frei gewählten) Namen auftreten können. Bei dem Gesellschaftsvertrag besteht weitgehend Vertragsfreiheit. Im Gegensatz zur Gesellschaft bürgerlichen Rechts muss die Handelsgesellschaft im **Handelsregister** angemeldet und eingetragen werden. Dies erfordert eine notarielle Beglaubigung.

Der entscheidende Unterschied zwischen den Gesellschaftsformen zeigt sich bei der **Haftung**. Die Gesellschafter einer **OHG** haften unbegrenzt, auch mit ihrem Privatvermögen. Die KG differenziert zwischen dem **Komplementär** (= Vollhafter) und dem **Kommanditisten** (= Teilhafter). Der Kommanditist unterliegt einer Haftungsbeschränkung. Er haftet nur mit seiner Einlage, nicht mit dem Privatvermögen.

Bei der Rechtsform der **GmbH & Co. KG** wird das Haftungsrisiko auch für den Vollhafter minimiert. Komplementär ist in der Regel die GmbH, deren Vermögen nicht über die gesetzliche Mindestausstattung (Stammkapital 25.000 €, Mindesteinlage 12.500 €) hinausgeht. Kommanditisten sind eine oder mehrere natürliche Personen.

Bei der **OHG** kann **jeder** Gesellschafter die **Geschäftsführung** und **Vertretung** nach außen hin übernehmen. Hingegen ist bei der KG in der Regel nur der Komplementär hierzu befugt. Die Kommanditisten können zum Prokuristen oder Handlungsbevollmächtigten ernannt werden.

Die Geschäftsführung erfolgt auch bei der GmbH & Co. KG durch die Komplementär-GmbH. Persönlich ausgeübt wird die Tätigkeit durch den bei der GmbH bestellten Geschäftsführer. Dieser ist üblicherweise GmbH-Gesellschafter und gleichzeitig Kommanditist der GmbH & Co. KG.

Leitsatz 3

Handelsgesellschaften

Die Handelsgesellschaften, OHG oder KG, sind die Rechtsformen zum Betrieb eines kaufmännischen Unternehmens. Freiberuflern (Ärzten, Rechtsanwälten, Ingenieuren usw.) steht diese Rechtsform nicht zur Verfügung.

Mit der Rechtsform der GmbH & Co. KG lässt sich das Haftungsrisiko begrenzen. Nur die GmbH haftet als Komplementär mit ihrem gesamten Vermögen. Deren Stammkapital muss 25.000 € betragen, wovon nur 12.500 € eingezahlt sein müssen.

Baumeister dürfte nach Art und Umfang des Gewerbebetriebs ein **Istkaufmann** nach § 1 HGB sein. Bei Fortführung des Betriebs in Form einer Gesellschaft kommt daher nur eine Handelsgesellschaft in Betracht. Ob OHG oder KG ist eine Frage der persönlichen Vereinbarungen und zivilrechtlichen Folgerungen. Steuerlich werden beide Gesellschaftsformen weitgehend gleich behandelt.

Lektion 4: Stille Gesellschaft

Fall 4

Carlos hat eine Instrumentenwerkstatt als Einzelunternehmen. Ein Familienangehöriger hat aus einem Hausverkauf Gelder zur Verfügung, die er in der Firma investieren will. Nach außen hin will er aber nicht in Erscheinung treten.

Als Gesellschaftsform kommt die stille Gesellschaft in Betracht. Bei dieser Art der Beteiligung bleibt der Inhaber des Handelsgeschäfts aus den geschlossenen Geschäften allein berechtigt und verpflichtet. Es handelt sich um eine reine Innengesellschaft. Die Vereinbarungen wie z.B. über

- Anteile am Gewinn und/oder Verlust
- Beteiligung am Vermögen
- Kontrollrechte

sind frei wählbar

Leitsatz 4

Stille Gesellschaft

Eine Unternehmensbeteiligung, die nicht nach außen hin erkennbar sein soll, kann in Form einer stillen Beteiligung erfolgen. Der eigentliche Betriebsinhaber tritt im Geschäftsleben als Unternehmer auf.

Die Rechtsform der Personengesellschaft ist zum einen bestimmt von der Art des Betriebs (gewerblich, freiberuflich, käufmännisch eingerichtet, usw.), ferner von den persönlichen Verhältnissen der Gesellschafter, wie etwa die Einbindung in den laufenden Geschäftsbetrieb, der Umfang der Haftung und das Auftreten nach außen hin.

Die zivilrechtlichen Kriterien verdeutlicht die Übersicht 2.

Übersicht 2: Rechtsformen

	GbR	OHG	KG (GmbH & Co. KG)	stille Gesellschaft
Geeignet für	kleine Betriebe, Tätigkeit nur von kurzer Dauer, Sozietät von Freibe-ruflern	kaufmännische Betriebe gleichberechtigte Gesellschafter ,die beide tätig sind	kaufmännische Betriebe Gesellschafter arbei-ten nicht mit Gesellschafter wollen begrenzt haften	Beteiligungen, die nicht nach außen bekannt werden sollen Investor, der in ein Unternehmen inves-tieren will
Rechtliche Einordnung	eingeschränkt rechts- und parteifähig	weitgehend rechts-fähig	weitgehend rechts-fähig	Rechtsträger ist der Firmeninhaber
Entstehung	mit Gesellschafts-vertrag	mit Gesellschaftsver-trag, Eintragung in das Handelsregister erforderlich	mit Gesellschaftsver-trag, Eintragung in das Handelsregister erforderlich	mit Gesellschafts-vertrag
Auftreten im Ge-schäftsleben	Namen der Gesell-schafter	Firmenname	Firmenname	Namen des Firmenin-habers
Haftung	persönlich und unbegrenzt (auch Privatvermögen)	persönlich und unbegrenzt (auch Privatvermögen)	nur Komplementär haftet voll, Kom-manditisten nur mit der Einlage nach Eintragung in das Handelsregister	Inhaber des Handels-geschäfts, stiller Gesellschafter bis zur Höhe seiner Einlage
Geschäftsführung/ Vertretung	gemeinschaftlich, sofern keine ander-weitige Vereinbarung	Gesellschafter einzeln, sofern keine ander-weitige Vereinbarung	durch den Komple-mentär	Inhaber des Handels-geschäfts, Mitwirkung durch stillen Gesell-schafter möglich

III. Verfahrensrecht

Lektion 5: Verfahrensrecht beim Finanzamt

Fall 5

Die ABCD-Gesellschaft besteht aus vier Gesellschaftern. Die Geschäftsleitung befindet sich in F. Die Gesellschafter wohnen alle in verschiedenen Orten, jedoch nicht in F. Welche Steuererklärungen sind erforderlich und mit welchen Finanzämtern haben die Gesellschaft und die Gesellschafter zu tun?

Unabhängig von der Rechtsform der Personengesellschaft gilt, dass den Steuererklärungen der Gesellschafter (in der Regel Einkommensteuer, bei der GmbH die Körperschaftsteuer) eine besondere Feststellungserklärung „vorgeschaltet" ist (§ 180 Abgabenordnung). Nach den Angaben in der Erklärung erstellt das Finanzamt einen Bescheid über die einheitliche und gesonderte Feststellung von Besteuerungsgrundlagen.

Gegenstand dieser Bescheids sind die Beteiligten, die Einkunftsart, die Höhe der gesamten Besteuerungsgrundlagen und die Verteilung. Verfahrensrechtlich handelt es sich um einen Grundlagenbescheid, der für die Folgebescheide (Einkommensteuer/Körperschaftsteuer) bindend ist. Sind die Werte unzutreffend, muss gegen diesen Grundlagenbescheid Einspruch eingelegt werden. Die Anfechtung des Folgebescheids mit der Begründung, der Grundlagenbescheid sei unzutreffend, ist nicht möglich.

Finanzamtsintern werden die Daten der einzelnen Gesellschafter an die/das für die Einkommensteuer zuständige(s) Stelle/Finanzamt weitergeleitet.

Durch die Trennung zwischen den Steuerverfahren hat der Gesellschafter mit zwei Finanzämtern zu tun (Wohnsitzfinanzamt und Betriebsfinanzamt) oder – wenn Betrieb und Wohnung in einem Ort liegen – mit zwei verschiedenen Stellen in einem Finanzamt.

Leitsatz 5

Verfahrensrecht

Für den betrieblichen Teil der Gesellschaft und die private Steuererklärung der Gesellschafter bestehen zwei Verfahren. Die Feststellungserklärung und der nachfolgende Feststellungsbescheid sind Grundlage für die Einkommensteuer Die festgestellten Besteuerungsgrundlagen sind zwingend bei dem Einkommensteuerbescheid (= Folgebescheid) anzusetzen. Grundlagen- und Folgebescheid müssen daher unabhängig voneinander auf ihre Richtigkeit geprüft werden.

Die ABCD-Gesellschaft gibt bei dem Finanzamt in F ihre Steuererklärungen für den Betrieb ab. Die Einkommensteuererklärungen geben die Gesellschafter A, B, C und D jeweils bei den Wonsitzfinanzämtern ab.

Übersicht 3: Verfahrensrecht

Die Personengesellschaft gibt bei dem Betriebsfinanzamt einer Feststellungserklärung ab, nach dem ein Bescheid über die

einheitliche = für alle Gesellschafter und

gesonderte = getrennt von der persönlichen Steuererklärung der Gesellschafter

Feststellung von Besteuerungsgrundlagen ergeht.

Gegenstand dieser Bescheide sind:

- die Feststellung darüber, wer an der Gesellschaft beteiligt ist
- die Einkunftsart
- die Höhe der gesamten Einkünfte und übrigen Besteuerungsgrundlagen
- die Höhe der auf jeden einzelnen Beteiligten entfallenden Einkünfte und sonstigen Besteuerungsgrundlagen (Steuerabzugsbeträge, Spenden usw.)

Die Bearbeitung ist aufgeteilt:

für den Betrieb zuständiges Finanzamt/zuständige Stelle

- für die Feststellungserklärung

für den Wohnort zuständiges Finanzamt/zuständige Stelle

- für die Einkommensteuererklärung
- für die Körperschaftsteuererklärung

IV. Steuerliche Grundlagen

Lektion 6: Mitunternehmerschaft

Mitunternehmerschaft als gesetzliche Grundlage

Die unternehmerische Tätigkeit muss der Mitunternehmer in gesellschaftlicher Verbundenheit zusammen mit den anderen Gesellschaftern ausüben. Die einzelnen Kriterien müssen je nach Gesellschaftsform und Gesellschafterstellung mehr oder weniger unterschiedlich stark ausgeprägt sein. Bei nahen Angehörigen, insbesondere bei Kindern, sind die Anforderungen höher, wie unter fremden Dritten.

Gesellschafter als erste Voraussetzung

Fall 6

Der Vater ist selbständiger Architekt. Der Sohn hat sein Innenarchitekturstudium beendet und arbeitet vorübergehend in dem Betrieb des Vaters mit. Der Sohn entwirft eigene Pläne. Verhandlungen mit den Kunden führt er selbständig, ebenso die Bauüberwachung. Die Pläne und auch die Bauausführung sprechen Vater und Sohn gemeinsam durch. Bei Rechnungen gegenüber Kunden wird der Briefkopf des Vaters verwendet. Intern rechnen Vater und Sohn nach der jeweiligen Leistung ab. Ist der Sohn Mitunternehmer?

Die Mitunternehmerschaft nach Steuerrecht ist nicht gleichbedeutend mit dem zivilrechtlichen Begriff „Personengesellschaft". Der Begriff „Mitunternehmer" ist in § 15 Abs. 1 Nr. 2 EStG genannt. Eine weitere gesetzliche Definition ist nicht vorhanden. Es muss daher auf die Rechtsprechung der Steuergerichte zurückgegriffen werden. Danach kann nur Mitunternehmer sein, wer

- zivilrechtlicher Gesellschafter einer Personengesellschaft ist **oder**
- eine wirtschaftlich vergleichbare Stellung inne hat

Bei den Handelsgesellschaften wie OHG oder KG wird die zivilrechtliche Stellung als Gesellschafter in der Regel zu einer Mitunternehmerschaft nach Steuerrecht führen. Beteiligte an anderen Gesellschaften sind nicht zwangläufig Mitunternehmer. Neben den Handelsgesellschaften, die nach außen hin erkennbar sind, können auch reine Innengesellschaften eine Mitunternehmerschaft sein.

Mitunternehmer kann auch sein, wer als Arbeitnehmer oder Darlehensgeber bezeichnet wird. Die Rechtsprechung hat hierfür den Begriff der verdeckten Mitunternehmerschaft geprägt. Diese kann vorliegen, wenn Inhalt und Durchführung von Verträgen

- ungewöhnlich sind oder
- zwischen nahestehenden Personen so gestaltet sind, dass sie von den zwischen fremden Dritten üblicherweise abzuschließenden Verträgen abweichen,

z.B. gewinnabhängiger Arbeitslohn, Einflussnahme auf die Führung des Betriebs, Beteiligung an den stillen Reserven.

Leitsatz 6

Gesellschafterstellung

Die Gesellschafterstellung nach Steuerrecht kann begründet sein durch die

- zivilrechtliche Stellung als Gesellschafter nach dem BGB oder HGB
- wirtschaftliche Stellung z.B. Beteiligung(shöhe), tatsächliche Geschäftsführung.

Obwohl im obigen Beispiel Vater und Sohn keinen formellen Gesellschaftsvertrag abgeschlossen haben, kann durch konkludentes (= stillschweigend) Verhalten eine Gesellschaft bestehen. Die selbständige Mitarbeit und die gemeinsame Absprache sprechen für eine zivilrechtliche Gesellschafterstellung des Sohnes.

Eine wirtschaftlich vergleichbare Stellung könnte ebenso vorliegen, da der Sohn seine eigene Arbeitsleistung selbständig erbringt und individuell abrechnet. Auch wenn die Rechnungen nur auf den Namen des Vater lauten, ist eine Mitunternehmerschaft nicht ausgeschlossen.

Mitunternehmerrisiko

Ein weiteres Erfordernis nach Steuerrecht ist das **Mitunternehmerrisiko.**

Fall 7

Im Gesellschaftsvertrag ist vereinbart, das der Gesellschafter den laufenden Gewinn nicht entnehmen darf und auch nicht an dem Erlös aus einer Veräußerung beteiligt ist.

Fall 8

Der Kommanditist hat seine Einlage geleistet. Hierfür erhält er einen festen, marktüblichen Zinssatz. Am Gewinn/Verlust ist er nicht beteiligt.

Fall 9

Bei einer KG haben Komplementär und Kommanditist intern eine Haftungsregelung vereinbart. Wird der Komplementär persönlich in Haftung genommen, übernimmt der Kommanditist die Schulden.

Bei allen drei vorstehenden Fällen stellt sich die Frage, ob nach den ungewöhnlichen Vereinbarungen ein Mitunternehmerrisiko besteht.

Grundsätzlich gilt, dass ein Gesellschafter ein Mitunternehmerrisiko trägt, wenn der Betrieb auch auf seine Rechnung geführt wird und ihn der Misserfolg unternehmerischer Entscheidungen trifft. Kriterien hierfür sind (15.8.00 (1) Mitunternehmerrisiko):

- Beteiligung am Gewinn und Verlust
- Beteiligung am Vermögen verbunden mit der Gefahr, dass eingesetzte Vermögen zu verlieren
- Beteiligung an den stillen Reserven des Anlagevermögens (einschließlich Geschäftswert)
- unmittelbare Haftung für Schulden der Gesellschaft
- am Geschäftserfolg orientiertes Entnahmerecht

- Verpflichtung, sich an den Kosten zum Erreichen des Gesellschaftszwecks zu beteiligen.

Leitsatz 7

Mitunternehmerrisiko

Das Mitunternehmerrisiko beinhaltet, dass der Gesellschafter am Erfolg oder Misserfolg des Unternehmens teilnimmt. Die Gefahr, dass eingesetzte Vermögenswerte durch unternehmerische Entscheidungen verloren gehen, muss er zusammen mit den anderen Gesellschaftern tragen. Trifft den Gesellschafter kein Vermögensverlust (Beteiligung am laufenden Verlust oder dem Anlagevermögen) wird im Allgemeinen kein Mitunternehmerrisiko bestehen.

Im Fall 7 spricht gegen die Mitunternehmerschaft, dass der Gesellschafter nicht über seinen Gewinnanteil verfügen oder ihn entnehmen darf.

Der Kommanditist, der im Fall 8 nur eine feste Verzinsung erhält – unabhängig von der Ertragslage des Betriebs –, trägt kein unternehmerisches Risiko. Er ist daher nur als Darlehensgeber zu qualifizieren.

Der im Innenverhältnis von der Haftung freigestellte Komplementär laut Fall 8 ist als Mitunternehmer anzusehen, da die unmittelbare Außenhaftung dadurch nicht beseitigt wird.

Mitunternehmerinitiative

Der Gesellschafter muss eine Mitunternehmerinitiative ausüben.

Fall 10

Die Gesellschafter einer GbR teilen sich die technische und kaufmännische Leitung. Zur Verstärkung des Firmenkapitals wird ein weiterer Gesellschafter aufgenommen, der 100.000 € für seinen Anteil einzahlt. Der neue Gesellschafter achtet lediglich auf eine monatliche Verzinsung seines Kapitalkontos. Kann bei diesem Gesellschafter von einer Mitunternehmerinitiative gesprochen werden?

Mitunternehmerinitiative bedeutet, dass der Gesellschafter an unternehmerischen Entscheidungen aktiv mitwirken kann. Er muss annähernd die Rechte haben, die das HGB für Kommanditisten vorsieht, d.h. Kontroll- und Widerspruchsbefugnisse.

Anhaltspunkte für die Ausübung von Mitunternehmerinitiative sind:

- Geschäftsführungsbefugnis, d.h. Teilnahme an unternehmerischen Entscheidungen wie z.B. bei einem Prokuristen oder leitenden Angestellten
- Vertretungsbefugnis
- Stimmrecht in der Gesellschafterversammlung
- Widerspruchsrecht gegenüber außergewöhnlichen Handlungen der Geschäftsführung
- Kontrollrechte z.B. Überprüfung des Jahresabschlusses, nicht abdingbar
- Zustimmungsbefugnisse
- Mitarbeit

Bei den Handelsgesellschaften wie OHG und KG ist die Mitunternehmerinitiative in der Regel durch die gesetzlich geregelte Geschäftsführungsbefugnis der Gesellschafter/des Komplementärs vorhanden. Bei anderen Gesellschaften müssen die obigen Kriterien mehr oder weniger vorliegen.

Der Schwerpunkt der Mitunternehmerinitiative kann unterschiedlich gelagert sein. Die Teilhabe an unternehmerischen Entscheidungen kann sich auf die geschäftlichen Grundsatzentscheidungen beziehen aber auch auf Entscheidungen in der gewöhnlichen Geschäftstätigkeit im Einzelfall.

Leitsatz 8

Mitunternehmerinitiative

Haftet der Gesellschafter und ist er am Gewinn und Verlust sowie den stillen Reserven beteiligt, trägt er ein Mitunternehmerrisiko. Damit verbunden ist in der Regel auch eine Mitunternehmerinitiative. Diese wird vor allem dann vorliegen, wenn der Gesellschafter an unternehmerischen Entscheidungen beteiligt ist (u.a. Stimm-, Kontroll- und Widerspruchsrechte).
Neben den rechtlichen Möglichkeiten, kommt es zusätzlich auf die tatsächlichen Verhältnisse an, d.h. welche Aktivitäten der Gesellschafter im Unternehmen ausübt.

Im Fall 10 ist der Gesellschafter weder in unternehmerische Entscheidungsprozesse eingebunden, noch übt er Kontrollrechte aus. Er kann daher nicht als Mitunternehmer angesehen werden. Nur die Verzinsung des eingesetzten Kapitals reicht nicht aus.

Büro- oder Praxisgemeinschaft

Fall 11

Dr. Kraft und Dr. Sinn haben gemeinsam Praxisräume gemietet und Personal für die Büroarbeiten eingestellt. Für die Facharbeiten mit Patienten hat jeder Arzt sein eigenes Personal. Termine mit Patienten sowie die Abrechnungen mit der Krankenkasse und mit Privatpatienten macht jeder Arzt einzeln. Handelt es sich um eine Mitunternehmerschaft?

Die reine Büro- oder Praxisgemeinschaft, die lediglich den Zweck hat, den Beruf in gemeinsamen Praxisräumen auszuüben und bestimmte Kosten von der Praxisgemeinschaft tragen zu lassen und umzulegen, ist keine Mitunternehmerschaft. Es liegt keine Gemeinschaftspraxis vor, auch wenn die Personen nach außen einheitlich auftreten (BFH-Urteil vom 14.04.2005, XI R 82/03, BStBl II 2005, 752).

Hinweis: *Auch bei einer Büro- oder Praxisgemeinschaft können die Kosten einheitlich vom Finanzamt in einem Feststellungsverfahren festgestellt und auf die Gesellschafter aufgeteilt werden (§ 180 Abgabenordnung).*

Übersicht 4: Mitunternehmerschaft

Gesellschafter	▶ zivilrechtlicher Gesellschafter einer Personengesellschaft ist oder ▶ eine wirtschaftlich vergleichbare Stellung
Mitunternehmerrisiko	▶ der Betrieb wird auch auf Rechnung des Gesellschafters geführt ▶ den Misserfolg unternehmerischer Entscheidungen tragen ▶ Beteiligung am Vermögen inklusive den stillen Reserven des Anlagevermögens ▶ Risiko eines Vermögensverlustes (Haftung)
Mitunternehmerinitiative	▶ an unternehmerischen Entscheidungen aktiv mitwirken ▶ Kontroll- und Widerspruchsbefugnisse haben

Lektion 7: Betriebsvermögen der Personengesellschaft

Das Vermögen nach handelsrechtlichen Vorschriften (§ 247 HGB) ist auch das steuerliche Betriebsvermögen. Das Steuerrecht geht aber noch einen Schritt weiter. Nach R 4.2 Absatz 2 EStR gehören zum steuerlichen Betriebsvermögen auch die Wirtschaftsgüter, die einem oder mehreren Mitunternehmern alleine gehören und dem Betrieb der Personengesellschaft dienen.

Bei einer Mitunternehmerschaft kann es drei verschiedene Bilanzen geben

1. Gesellschaftsbilanz (Hauptbilanz)

2. Sonderbilanz

3. Ergänzungsbilanz

Die Ergebnisse aller Bilanzen führen zu dem steuerlich anzusetzenden Gewinn/Verlust.

Gesamthandsvermögen

Fall 12

Die Gesellschaft „Fitness OHG“ will den Betrieb erweitern. Sie kauft daher ein Baugrundstück, welches mit einer Sporthalle bebaut wird. Im Grundbuch wir die Gesellschaft als Eigentümerin eingetragen. Zur Finanzierung wird ein Bankdarlehn aufgenommen.

Unter dem Begriff **Gesamthandsvermögen** versteht man das gemeinschaftliche Vermögen aller Gesellschafter. Nach § 718 BGB, § 105 Abs. 3 HGB, § 161 Abs. 2 HGB gehören hierzu:

- die Beiträge der Gesellschafter (Einzahlungen auf die Kapitalkonten)

- die durch die Geschäftsführung für die Personengesellschaft erworbenen Gegenstände
- was auf Grund eines zum Gesellschaftsvermögen gehörenden Rechts erworben wurde
- was als Entschädigung für einen zum Gesellschaftsvermögen gehörenden Gegenstand erworben wurde.

Neben diesen positiven Vermögenswerte gehören auch Schulden, Verbindlichkeiten zum Betriebsvermögen. Diese werden als negatives Gesamthandsvermögen bezeichnet.

Bei Handelsgesellschaften, die zur Buchführung verpflichtet sind, kann davon ausgegangen werden, dass das handelsrechtliche Betriebsvermögen weitgehend identisch mit dem Gesamthandsvermögen ist. In der Handelsbilanz müssen diese Gesellschaften die in ihrem Eigentum stehenden Vermögenswerte ausweisen. Nach dem Maßgeblichkeitsgrundsatz des § 5 Abs. 1 EStG sind diese Werte in die Steuerbilanz zu übernehmen.

Leitsatz 9

Gesamthandsvermögen

Wirtschaftsgüter, die der Gesellschaft gemeinsam gehören, sind Gesamthandsvermögen. In der Gesellschaftsbilanz sind das gemeinsame Anlage- und Umlaufvermögen zu aktivieren, die Betriebsschulden zu passivieren und der Differenzbetrag als Eigenkapital auszuweisen.

Zurück zu Fall 11: die „Fitness OHG" muss das Grundstück mit aufstehendem Gebäude sowohl in der Handelsbilanz als auch Steuerbilanz ausweisen, da sie selbst Eigentümerin ist. Die Bilanzierung des Gesamthandsvermögens erfolgt in der Gesellschafts- oder auch Hauptbilanz. Das Darlehen ist negatives Gesamthandsvermögen.

Sonderbetriebsvermögen

Fall 13

Das bisherige Einzelunternehmen des Vaters wird in eine mit dem Sohn gegründete Gesellschaft eingebracht. Der Vater will sich nicht von allen Vermögenswerten trennen und behält daher die Betriebsgrundstücke für sich. Diese werden an die Gesellschaft verpachtet. Die bisherigen Grundschulden verbleiben ebenso beim Vater.

Vermögen, welches den Gesellschafter allein gehört, darf zivil- und handelsrechtlich nicht in der Gesellschaftsbilanz erfasst werden. Steuerlich gehört es aber gleichwohl nach der Finanzrechtsprechung und der Fixierung in R 4.2 Abs. 2 EStR zum Betriebsvermögen. Wirtschaftsgüter, die im Eigentum eines einzelnen Mitunternehmers oder auch mehrerer Mitunternehmer stehen und dem Betrieb der Personengesellschaft unmittelbar dienen, sind notwendiges Sonderbetriebsvermögen (I). Schulden, die damit in Zusammenhang stehen, sind negatives Sonderbetriebsvermögen.

Für den Vater im Fall 12 ist eine Sonderbilanz zu erstellen, die auf der Aktivseite das Grundstück mit dem bisherigen Buchwert enthält und auf der Passivseite die damit in Zusammenhang stehenden Schulden.

Fall 14

Der Kommanditist Nagel ist mit 50 % an einer Dachdecker GmbH & Co. KG beteiligt. Gleichzeitig ist er zu 50 % Gesellschafter der Komplementär-GmbH. Der Anteil an der GmbH beträgt 12.500 €. Zur Finanzierung der Einlage bei der GmbH hatte der Kommanditist ein Darlehen aufgenommen, welches noch mit 9.000 € valutiert. Nach dem Gesellschaftsvertrag ist die GmbH Geschäftsführerin der Personengesellschaft. Die tatsächliche Geschäftsführung wird durch den Kommanditisten Nagel ausgeübt. Sind die GmbH-Beteiligung und das Darlehen Sonderbetriebsvermögen?

Wirtschaftsgüter, die unmittelbar der Begründung oder Stärkung der Beteiligung des Mitunternehmers dienen, gehören ebenso zum Sonderbetriebsvermögen. Das Steuerrecht bezeichnet dieses als notwendiges Sonderbetriebsvermögen II.

Der Kommanditist Nagel übt die faktische Geschäftsführertätigkeit bei der GmbH & Co. KG aus. Über die Komplementär-GmbH hat er eine Machtstellung, die es ihm ermöglicht, die Geschäftsführung mitzubestimmen. Seine Stellung als Kommanditist wird dadurch verstärkt. Dies ist der Fall, wenn beide Gesellschaften in der Weise miteinander verflochten sind, dass die Kapitalgesellschaft für die Personengesellschaft eine wesentliche wirtschaftliche Funktion erfüllt.

Die GmbH-Anteile von Nagel gehören mit dem Nominalwert von 12.500 € zum notwendigen Sonderbetriebsvermögen II. Die Darlehen für die Einzahlung des Gesellschaftsanteils in die GmbH sind in Höhe von 9.000 € negatives Sonderbetriebsvermögen II.

Hinweis: *Die Rechtsfolgen treten nur dann ein, wenn sich die Tätigkeit der Komplementär-GmbH auf die Geschäftsführung der Personengesellschaft beschränkt oder diese daneben nur eine Tätigkeit von ganz untergeordneter Bedeutung ausübt.*

Fall 15

Gesellschafter Blum kauft ein unbebautes Grundstück. In der Nähe ist der Betriebssitz seiner Gartenbau-OHG, an der er zu 50 % beteiligt ist. In naher Zukunft soll die Parzelle für den Betrieb der OHG genutzt werden oder aber sie soll Tauschobjekt für eine in direkter Nähe des Betriebs gelegene Fläche sein.

Fall 16

Gesellschafter Stein hat ein Mietwohngrundstück. Die Mieteinnahmen, abzüglich Werbungskosten werden zur Liquidität des Betriebs verwendet. Gleichzeitig sind betriebliche Kredite mit dem Grundstück abgesichert. Sind die Grundstücke Sonderbetriebsvermögen?

Wirtschaftsgüter, die **objektiv** dazu **geeignet** und **subjektiv** dazu **bestimmt** sind, mittelbar den Betrieb der Gesellschaft zu fördern, können zum **gewillkürten Sonderbetriebsvermögen I** gerechnet werden.

Das Grundstück im **Fall 15** dient (noch) nicht unmittelbar dem Betrieb der Personengesellschaft. Eine Behandlung als notwendiges Sonderbetriebsvermögen ist daher nicht möglich.

Auch im **Fall 16** nutzt die Personengesellschaft das Grundstück nicht unmittelbar.

Beide Grundstücke sind aber objektiv dazu geeignet, dem Betrieb der Personengesellschaft zu dienen und diesen zu fördern bzw. sie stehen in einem gewissen objektiven Zusammenhang mit dem Betrieb der Personengesellschaft. Der Gesellschafter Blum hat das Grundstück subjektiv als Vorratsgelände behandelt. Gesellschafter Stein nutzt das Mietwohngrundstück zur finanziellen Hilfe und Absicherung des Betriebs. In beiden Fällen ist eine Behandlung als gewillkürtes Sonderbetriebsvermögen I möglich.

Fall 17

Die Gesellschafter Schmitz und Müller sind an einer KG zu je 25% beteiligt. Gleichzeitig sind sie Gesellschafter einer GmbH, jeweils 50%. Beide Gesellschaften haben einen eigenen Geschäftsbetrieb. Die KG hat Grundstücksteile an die GmbH verpachtet. Die Gesellschaften sind durch Kooperationsmaßnahmen (Vertrieb, Produktentwicklung) miteinander verbunden. Können Müller und Schmitz die GmbH-Anteile in Sonderbilanzen erfassen?

Wirtschaftsgüter, die **objektiv geeignet** sind und **subjektiv** durch entsprechende Widmung dazu **bestimmt** sind, mittelbar die Beteiligung des Mitunternehmers zu fördern, sind **gewillkürtes Sonderbetriebsvermögen II**.

Eine Bilanzierung als notwendiges Sonderbetriebsvermögen II ist nicht möglich, da die GmbH eine eigene Tätigkeit von nicht ganz untergeordneter Bedeutung ausübt. Auch die enge wirtschaftliche Verflechtung führt zu keiner anderen Beurteilung.

Die Gesellschafter haben aber ein Wahlrecht, die Anteile als gewillkürtes Sonderbetriebsvermögen II zu behandeln. Durch die zwischen beiden Betrieben bestehende Verbindung fördert die Beteiligung an der GmbH auch die Beteiligung an der KG.

Die subjektive Bestimmung zeigt sich dadurch, dass die GmbH-Anteile in den Sonderbilanzen II enthalten sind.

Hinweis: *Die Behandlung als gewillkürtes Sonderbetriebsvermögen setzt voraus, dass das Wirtschaftsgut in der Sonderbilanz (u.U. unzutreffenderweise in der Gesellschaftsbilanz) aktiviert wird.*

Die subjektive Bestimmung als Betriebsvermögen ist regelmäßig anzunehmen, wenn das Grundstück in der Bilanz als Betriebsvermögen ausgewiesen wird und wenn die Aufwendungen als betrieblicher Aufwand behandelt werden.

Leitsatz 10

Sonderbetriebsvermögen

Sonderbetriebsvermögen sind Wirtschaftsgüter, die einem oder mehreren Gesellschaftern gehören und dem Betrieb der Personengesellschaft dienen oder zur Begründung oder Stärkung der Beteiligung an der Gesellschaft eingesetzt werden.

Grundsätzlich gilt zwischen der Gesamthandsbilanz und der Sonderbilanz das Korrespondenzprinzip. Zahlungen der Gesellschaft (Miete, Zinsen usw.) sind bei dem Gesamthandsvermögen Betriebsausgaben und bei dem Sonderbetriebsvermögen Betriebseinnahmen. Dadurch mindern diese Zahlungen im Ergebnis den Gewinn nicht .

Übersicht 5: Sonderbetriebsvermögen

notwendiges Sonderbetriebsvermögen **I**	Wirtschaftsgüter, die unmittelbar für betriebliche Zwecke der Personengesellschaft genutzt werden
notwendiges Sonderbetriebsvermögen **II**	Wirtschaftsgüter, die zwar nicht unmittelbar für betriebliche Zwecke der Personengesellschaft genutzt werden, die aber in einem unmittelbaren wirtschaftlichen Zusammenhang (Begründung oder Stärkung) mit der Beteiligung eines Mitunternehmers an der Personengesellschaft stehen
gewillkürtes Sonderbetriebsvermögen **I**	Wirtschaftsgüter, die **objektiv** geeignet sind und **subjektiv** durch entsprechende Widmung dazu bestimmt sind, mittelbar **den Betrieb** der Personengesellschaft zu fördern

gewillkürtes Sonderbetriebsvermögen **II**	Wirtschaftsgüter, die **objektiv** geeignet sind und **subjektiv** durch entsprechende Widmung dazu bestimmt sind, mittelbar **die Beteiligung** des Mitunternehmers zu fördern

Ergänzungsbilanz

Ergänzungsbilanzen enthalten keine tatsächlichen Wirtschaftsgüter, sondern nur Wertkorrekturen zur Gesellschaftsbilanz. Für einzelne Gesellschafter werden Mehr- oder Minderwerte zu dem in der Hauptbilanz erfassten Gesamthandsvermögen bilanziert. Dadurch können sowohl positive als auch negative Ergänzungsbilanzen entstehen. Mit der Ergänzungsbilanz kann erreicht werden, dass Geschäftsvorfälle zunächst erfolgsneutral behandelt werden und erst in Folgejahren zu Gewinnerhöhungen oder -minderungen führen.

Fall 18

V will seinen Betrieb anteilig den Kindern übertragen. Er gründet eine OHG mit der Tochter und dem Sohn. Die Produktionsmaschinen Buchwert 120.000 €, Verkehrswert 170.000 €, werden der OHG übertragen. Tochter und Sohn leisten eine Einlage von je. 50.000 €. Der bisherige Betrieb übernimmt nur noch den Vertrieb. Wie sind die Maschinen zu bilanzieren?

Nach § 6 Abs. 5 EStG ist bei einer Einbringung von einzelnen Wirtschaftsgütern aus dem Betriebsvermögen in das Vermögen einer Personengesellschaft der Buchwert zwingend anzusetzen. In der steuerlichen Bilanz der OHG darf daher für die Produktionsmaschinen maximal ein Wert von 120.000 € stehen. Dies kann auf zwei Wegen erreicht werden.

1. Die OHG erfasst in der Gesellschaftsbilanz den Betrag von 120.000 €. Damit sind die stillen Reserven auf die Kinder übergegangen. Werden die Maschinen später zu einem vom Buchwert abweichenden Betrag verkauft, erhält jeder Gesellschafter einen Anteil am Erlös oder Verlust.

2. Die zweite Alternative ist die Bilanzierung mit dem Verkehrswert (= gemeiner Wert) von 170.000 € bei der OHG. Um dem Erfordernis

eines steuerneutralen Wertansatzes Rechnung zu tragen wird in diesem Fall eine Ergänzungsbilanz gebildet. V erfasst den Differenzbetrag zwischen Buchwert und Verkehrswert in einer negativen Ergänzungsbilanz.

Ergänzungsbilanz V			
Aktiva		Passiva	
Minderkapital	50.000 €	Maschinen	50.000 €

Die laufende Besteuerung führt zu einer höheren Abschreibung bei der OHG und einer Korrektur durch die Ergänzungsbilanz in Form eines positiven Abschreibungsbetrags, der allein V zugerechnet wird. Im Ergebnis darf keine höhere Abschreibung angesetzt werden, als bei dem vorherigen Einzelunternehmen. Bei einer späteren Veräußerung würde die Ergänzungsbilanz aufgelöst und der Gewinn ausschließlich V zugerechnet.

Fall 19

M und S gründen eine GmbH & Co. KG. M bringt sein Einzelunternehmen, Buchwert 250.000 €, Verkehrswert 330.000 €, S eine Einlage von 330.000 € in die Gesellschaft ein. Beide Gesellschafter erhalten Gesellschaftsrechte von 330.000 €. Muss M die stillen Reserven aus dem Einzelunternehmen versteuern?

Bei Einbringung eines Betriebs dürfen die Wirtschaftsgüter nach § 24 Abs. 2 UmwStG mit dem Buchwert, einem Zwischenwert oder dem gemeinen Wert angesetzt werden.

Um die steuerliche Belastung möglichst gering zu halten, wird der Gesellschafter in aller Regel eine Buchwertfortführung wählen.

Dies wird dadurch erreicht, dass zu den in der Gesellschaftsbilanz angesetzten Werten eine negative Ergänzungsbilanz für M gebildet wird.

Die Bilanz der OHG weist das gesamte Kapital aus:

Aktiva		Passiva	
Wirtschaftsgüter	330.000 €	Kapital M	330.000 €
Bank	330.000 €	Kapital S	330.000 €

Ergänzungsbilanz M

Aktiva		Passiva	
Minderkapital	80.000 €	Wirtschaftsgüter	80.000 €

Fall 20

A und Z sind zu je 50 % Gesellschafter einer OHG. Die Kapitalanteile betragen jeweils 80.000 €. Z steigt aus der Firma aus und verkauft seinen Anteil für 130.000 € an B. Welche Folgerungen ergeben sich für Z und B?

Die Differenz zwischen Kapitalkonto und Veräußerungspreis ist für Z ein Veräußerungsgewinn. B hat in dieser Höhe Anschaffungskosten. Diese werden nicht in der Gesellschaftsbilanz erfasst, da die OHG handelsrechtlich weiterhin besteht. Die Wirtschaftsgüter des Gesamthandsvermögens sind mit den bisherigen Werten der Handelsbilanz anzusetzen. Das Kapitalkonto wird von Z auf B umgeschrieben. Zur Erfassung der zusätzlichen Anschaffungskosten wird für B eine positive Ergänzungsbilanz erstellt.

Ergänzungsbilanz B

Aktiva		Passiva	
Wirtschaftsgüter	50.000 €	Mehrkapital	50.000 €

B erhält auf diese Weise zusätzliche Abschreibungen

Hinweis: *In der Praxis wird man differenzierter bilanzieren, zwangläufig bei einem Zwischenwert oder dem gemeinen Wert. Die (teilweise) aufgedeckten stillen Reserven müssen auf den Geschäftswert und die kör-*

perlichen Gegenstände aufgeteilt werden. Soweit die stillen Reserven die Teilwerte übersteigen, ist ein Geschäfts- oder Firmenwert auszuweisen. Die Bemessungsgrundlage der abnutzbaren Wirtschaftsgüter und damit die Abschreibungen werden durch diese Bilanzierung höher.

Fall 21

Die GbR besteht seit mehr als zehn Jahren. Gesellschafter waren M und H zu je 50 %. Vor zwei Jahren sind von Gesellschafter M zwei Kinder mit je 10 % in die Gesellschaft eingestiegen.

Im Zusammenhang mit einer Betriebsverlegung veräußert die Gesellschaft ein Grundstück mit Verkaufshalle. Der Veräußerungsgewinn von 200.000 €, Anteil Grund und Boden 50.000 €, soll nach § 6b EStG (Übertragung stiller Reserven auf ein neues Wirtschaftsgut) auf ein neues unbebautes Grundstück übertragen werden. Wie ist der Verkauf bilanztechnisch zu handhaben?

Der Erlös aus der Veräußerung einzelner Wirtschaftsgüter gehört zum laufenden Gewinn. Die gesellschafterbezogene Übertragung nach § 6b EStG auf Reinvestitionsobjekte ist möglich, soweit die Wirtschaftsgüter mindestens sechs Jahre zum Anlagevermögen gehört haben.

Die Kinder von M erfüllen diese Frist nicht. Insoweit darf keine Übertragung der stillen Reserven erfolgen. In der Gesellschaftsbilanz wird die gesamte Rücklage passiviert:

Bilanz GbR			
Aktiva		Passiva	
Bank	200.000 €	Rücklage Grund und Boden	50.000 €
		Rücklage Gebäude	150.000 €

Die Rücklage der Gesellschaftsbilanz wird für die Kinder von M jeweils durch Ergänzungsbilanzen (= 10 %) neutralisiert.

Ergänzungsbilanz Kind

Aktiva		Passiva	
Rücklage Grund und Boden	5.000 €	Mehrkapital	20.000 €
Rücklage Gebäude	15.000 €		

Das Kapitalkonto ist durch den Zufluss des Veräußerungsgewinns entstanden.

Die Gewinnauswirkung ergibt sich im Jahr der Veräußerung durch die Versteuerung von 20.000 €.

Leitsatz 11

Ergänzungsbilanz

Eine Ergänzungsbilanz ist zu bilden, wenn bei einer Personengesellschaft die Bilanzierung nach Steuerrecht von dem Handelsrecht abweicht. Einzelunternehmen sind nicht davon betroffen. Die Ergänzungsbilanz enthält keine Wirtschaftsgüter, sondern nur personenbezogene Wertkorrekturen zur Hauptbilanz.

Für jeden Gesellschafter ist nur eine Ergänzungsbilanz zu erstellen, auch wenn unterschiedliche Gründe hierfür bestehen. Die Ergänzungsbilanz ist jährlich fortzuschreiben, bis die Wertkorrekturen „verbraucht" sind. Ein bei einer Betriebsaufgabe oder Verkauf eines Mitunternehmeranteils noch nicht ab- oder zugeschriebener Wert in der Ergänzungsbilanz wirkt sich in diesem Zeitpunkt gewinnmindernd oder -erhöhend aus.

Die Ergänzungsbilanz eines Kommanditisten führt bei diesem zu einem höheren Verlustausgleichspotential, s. Lektion 10.

Übersicht 6: Ergänzungsbilanz

Ergänzungsbilanzen sind erforderlich bei

- Einbringung einzelner Wirtschaftsgüter gegen Gewährung von Gesellschaftsrechten, § 6 Abs. 5 EStG
- Einbringung eines Betriebs, Teilbetriebs oder Mitunternehmeranteils in eine Personengesellschaft , § 24 Umwandlungssteuergesetz
- Verkauf eines Gesellschaftsanteils mit einem Kaufpreis über oder unter dem Kapitalkonto
- Inanspruchnahme besonderer Steuervergünstigungen durch einen oder mehrere Gesellschafter
- Wirtschaftsgütern des Gesamthandsvermögen, die in der Gesamthandsbilanz erfasst sind, aber nicht zum steuerlichen Betriebsvermögen gehören

Eine Ergänzungsbilanz kann

positiv sein ➡ Mehrkapital führt zu zusätzlichen Betriebsausgaben in Folgejahren,

negativ sein ➡ Minderkapital führt zu zusätzlichen Betriebseinnahmen in Folgejahren.

Lektion 8: Gewinnermittlung

Die Gewinnermittlung bei einer Personengesellschaft ist ein Musterbeispiel steuerrechtlicher Detailregelungen. Diese erfolgt – abweichend von dem Einzelunternehmer – in zwei Stufen:

1. § 15 Abs. 1 Nr. 2, 1. Halbsatz EStG:

Es wird der Gewinn aus dem Gesamthandsvermögen ermittelt. Ausgangspunkt ist die Handelsbilanz. Nach dem Grundsatz der Maßgeblichkeit § 5 Abs. 1 EStG sind die Bilanzansätze grundsätzlich auch für die Steuerbilanz zu übernehmen. Abweichungen ergeben sich auf Grund besonderen steuerrechtlicher Vorschriften z.B. nicht abziehbare Betriebsausgaben oder Rückstellungen. An dieser Stelle sind auch Vorabgewinne zu erfassen. Diese werden einem Mitunternehmer im Rahmen der Gewinnverteilung zugewiesen, sie sind lediglich Verschiebungen zwischen den Gewinnanteilen einzelner Mitunternehmer. Zur ersten Stufe gehört auch das Ergebnis einer Ergänzungsbilanz, da diese in der Regel steuerrechtliche Gründe hat.

2. § 15 Abs. 1 Nr. 2, 2. Halbsatz EStG:

Das Ergebnis des Sonderbetriebsbereichs des einzelnen Gesellschafters. In erster Linie sind die Sonderbilanzen zu nennen. Es kann sich aber auch um Gewinnanteile handeln, für die keine Sonderbilanz zu erstellen ist, z.B. die Tätigkeitsvergütung oder Zinszahlung. Die zweite Stufe beinhaltet nicht nur eine Hinzurechnung zum Gesamtgewinn sondern auch eine Qualifikation der Einkünfte. Durch den 2. Halbsatz wird erreicht, dass die Einkünfte dem gewerblichen Bereich zuzuordnen sind.

Die Zusammenrechnung des Ergebnisses aus dem Gesamthandsbereich und dem Sonderbetriebsvermögen/Sonderbetriebseinnahmen-/ausgaben wird als additive Gewinnermittlung bezeichnet.

Maßgeblichkeit der Handelsbilanz

Fall 22

Immobilienmakler Hausmann konnte ein gutes Geschäfts abschließen. Nach Vertragsabschluss lädt er die Geschäftspartner zum Essen ein. Die Bewirtungskosten setzt er zu 100 % als Betriebsausgabe an.

Der Abzug ist nach Handelsrecht zutreffend. Steuerlich gibt es aber durch § 4 Abs. 5 EStG die Einschränkung, dass bestimmte Aufwendungen den Gewinn nicht mindern dürfen, obwohl sie Betriebsausgaben sind. Nach Nr. 2 der Vorschrift können Bewirtungsaufwendungen nur zu 70 % abgezogen werden. Der steuerliche Gewinn ist daher um 30 % der Bewirtungskosten zu erhöhen.

Fall 23

Bei den betrieblichen Maschinen besteht ein Reparaturstau. In der Handelsbilanz sind Rückstellungen gebildet worden in Höhe von

- 20.000 € für die Reparaturkosten , die in den ersten drei Monaten des Folgejahrs voraussichtlich anfallen und
- 55.000 €, die später anfallen werden.

Sind die Rückstellungen in die Steuerbilanz zu übernehmen?

Der Betrag von 20.000 € ist nach § 249 Abs. 1 HGB ein handelsrechtliches „Muss“ und damit auch in der Steuerbilanz anzusetzen. Bei der Rückstellung von 55.000 € besteht ein handelsrechtliches Passivierungswahlrecht. Dieses führt steuerlich zu einem Passivierungsverbot (R 5.7 Abs. 11 EStR). Der Steuerbilanzgewinn ist um 55.000 € zu erhöhen.

In der Praxis gibt es zwei Alternativen bei dem Verhältnis Handelsbilanz zur Steuerbilanz.

1. Gesellschaften, die nach HGB freiwillig oder verpflichtend eine Handelsbilanz erstellen, entwickeln daraus eine nach Steuerrecht erstellte Steuerbilanz.

2. Gesellschaften, die keinen Jahresabschluss nach Handelsrecht erstellen (müssen), bilanzieren ausschließlich nach Steuerrecht.

Hinweis: *Als ergänzende Information sollte der Leser wissen, dass Handelsbilanz und Steuerbilanz unterschiedliche Zielsetzungen haben. Das inländische Handelsrecht dient vorwiegend dem Gläubigerschutz, in dem es die Aktiva nicht zu hoch ansetzt und die Passiva nicht zu niedrig (Vorsichtsprinzip). Die Steuerbilanz verfolgt eher den Zweck, den Gewinn nicht zu niedrig auszuweisen, d.h. Aktivwerte höher und Passivwerte niedriger zu bewerten.*
Schließlich sei darauf hingewiesen, dass der Grundsatz der Maßgeblichkeit „wackelt". Durch die Internationalisierung im Wirtschaftsleben muss zunehmend nach internationalen Rechnungslegungsvorschriften bilanziert werden. Diese orientieren sich jedoch nicht an dem deutschen HGB.

Leitsatz 12

Maßgeblichkeit der Handelsbilanz

In der ersten Stufe der Gewinnermittlung wird der Gewinn/Verlust aus dem Gesamthandsvermögen angesetzt. Die Handelsbilanz ist Ausgangsbasis. Deren Werte sind nach dem Grundsatz der Maßgeblichkeit des § 5 Abs. 1 EStG auch für die Steuerbilanz zu übernehmen. Steuerliche Vorschriften z.B. zur Bewertung von Bilanzansätzen oder zum Betriebsausgabenabzug sind bei der Entwicklung von der Handelsbilanz zur Steuerbilanz zu beachten.

Tätigkeitsvergütung

Fall 24

A und B sind zu je 50% Gesellschafter einer OHG. Im Gesellschaftsvertrag ist vereinbart, dass B für seine Geschäftsführertätigkeit vorab einen Betrag von 60.000 € jährlich enthält. Der verbleibende Gewinn wird je zu Hälfte aufgeteilt.

Die Gesellschaft hat laut Steuerbilanz einen

a) Gewinn von 140.000 €

b) Verlust von 50.000 €

erzielt.

Wie hoch sind die Einkünfte aus der Gesellschaft?

Die Zahlung an B erfolgt auf Grund gesellschaftsvertraglicher Vereinbarung. Es handelt sich um einen Gewinnanteil im Sinne von § 15 Abs. 1 Nr. 2, 1. Halbsatz EStG . Der Vorabgewinn mindert weder das Ergebnis nach Handelsrecht noch nach Steuerrecht. Er ergeben sich folgende Anteile:

Fall 24 a)		Fall 24 b)	
Gewinn	140.000 €	Verlust	50.000 €
Vorabgewinn	60.000 €	es ist kein Gewinn erzielt worden, so dass vorab kein Betrag verteilt werden kann	0 €
Restgewinn	80.000 €	Verlust	- 50.000 €
je Gesellschafter	40.000 €	je Gesellschafter	- 25.000 €

Fall 25

Abwandlung zu Fall 23: mit B ist ein Geschäftsführervertrag abgeschlossen worden, wonach er monatlich 5.000 € erhält. Die OHG bucht diesen Betrag als monatlichen Aufwand. Welche Gewinnanteile müssen A und B ansetzen?

In diesem Fall liegt der Geschäftsführertätigkeit eine schuldrechtliche Vereinbarung zu Grunde. Sowohl in der Handelsbilanz als auch Steuerbilanz ist der Gewinn zu mindern.

Erst in der zweiten Stufe der Gewinnermittlung wird das Geschäftsführergehalt als Sonderbetriebseinnahme nach § 15 Abs. 1 Nr. 2, 2. Halbsatz EStG hinzugerechnet.

Er ergeben sich folgende Anteile:

Fall 24 a) mit Abwandlung

Gewinn 140.000 €

Anteil A	70.000 €	Anteil B	70.000 €
Sondervergütung	60.000 €		
Gewinn	130.000 €	Gewinn	70.000 €

Fall 24 b) mit Abwandlung

Verlust 50.000 €

Anteil A	-25.000 €	Anteil B	-25.000 €
Sondervergütung	60.000 €		
Gewinn	35.000 €	Verlust	25.000 €

Fall 26

G ist Gesellschafter einer OHG. Er hat einen Arbeitsvertrag mit der OHG abgeschlossen, nach dem er die Geschäftsführertätigkeit ausübt. Die Gesellschaft zahlt neben dem Arbeitslohn die Arbeitnehmer – und Arbeitgeberbeiträge zur Sozialversicherung. Ferner erhält G 200 € mtl. für die Fahrten, die er mit seinem privaten PKW für die Gesellschaft durchgeführt hat.

Den Nettobetrag nach Abzug von Steuern und Sozialversicherungsbeiträgen überweist die Gesellschaft an G. Die OHG hat sämtliche Zahlungen als Betriebsausgabe gebucht und die Werte auf der Lohnsteuerbescheinigung eingetragen. Welche steuerlichen Folgerungen sind zu ziehen?

Unabhängig davon, dass es sich zivilrechtlich um einen Arbeitsvertrag handelt, werden die Einkünfte steuerlich als Vergütungen an einen Mitunternehmer und damit als gewerbliche Einkünfte angesehen (§ 15 Abs. 1 Satz 1 Nr. 2 EStG).

Als Sonderbetriebseinnahmen muss G erfassen:

Nettozahlungen auf das private Konto	§ 15 Abs. 1 Satz 1 Nr. 2 EStG
einbehaltene Steuern	§ 12 Nr. 3 EStG
Arbeitgeber- und Arbeitnehmeranteile zur Sozialversicherung	§ 3 Nr. 62 EStG
Fahrtkostenerstattung für PKW	§ 15 Abs. 1 Satz 1 Nr. 2 EStG

Bereits einbehaltene Steuern werden wie gezahlte Vorauszahlungen bei der Einkommensteuerveranlagung von G angerechnet.

Fall 27

Stein ist Gesellschafter der Fertigbau GmbH & Co. KG. Für Rechnung der Gesellschaft hat Stein ein Geschäftshaus auf deren Grundstück errichtet. Für die Baubetreuungstätigkeit erhält er 45.000 €.

Zu den Tätigkeitsvergütungen nach § 15 Abs.1 Nr.2, 2. Halbsatz EStG gehören nicht nur die Geschäftsführervergütungen, sondern auch Zahlungen im Rahmen eines **Werk- oder Geschäftsbesorgungsvertrags** im Sinne der §§ 631, 675 BGB. Das gilt auch dann, wenn die Leistungsvergütung bei der GmbH & Co. KG als Herstellungskosten zu aktivieren ist. Auf den Zeitpunkt des Aufwands bei der Gesellschaft in Form einer Abschreibung oder bei Veräußerung kommt es nicht an (BFH-Urteil vom 11.12.1986, IV R 222/84, BStBl 1987 II S. 553).

Stein muss somit die erhaltenen 45.000 € als Sonderbetriebseinnahmen erfassen.

Fall 28

R ist beteiligt an einer Rechtsanwaltssozietät in der Rechtsform einer GbR. Er beherrscht ein juristisches Spezialgebiet. In Einzelfällen wird sein Fachwissen von der Gesellschaft beansprucht. Für diese Leistungen rechnet er jeweils nach Stunden mit der Personengesellschaft ab. Sind die Rechnungen als Gewinnanteil oder eigene freiberufliche Einkünfte von R anzusehen?

Auch eine freiberufliche und aufgrund eines besonderen schuldrechtlichen Vertrags erbrachte Leistung sieht die Rechtsprechung (BFH-Urteil vom 18.09.1969, IV 338/64, BStBl II 1970, 43 und vom 24.01.1980,

IV R 154 – 155/77 BStBl. 2003 II, 191) als Tätigkeiten im Dienste der Gesellschaft an. Dienstleistungen, die ihrer Natur nach auf einer arbeitnehmerähnlichen oder einer dem freien Beruf ähnlichen Tätigkeit beruhen, unterscheiden sich hinsichtlich ihrer Bedeutung für die Gesellschaft nicht so wesentlich, dass sie grundsätzlich unterschiedlich behandelt werden dürften. Es kann für die Entscheidung über die Zurechnung zum Gewinn nicht darauf ankommen, wie die Gesellschafter den Gesellschaftsvertrag formulieren, ob sie die Dienstleistungen eines Gesellschafters für die Gesellschaft in diesem Vertrag festlegen oder ob sie jeweils von Fall zu Fall ein Tätigwerden des Gesellschafters gegen Honorar vereinbaren. Entscheidend kann es nur auf den Charakter der Dienstleistung selbst ankommen.

Im Fall 28 kann als richtige Lösung nur die Behandlung als Gewinnanteil in Betracht kommen.

Fall 29

Stark hat eine Schlosserei, die er als Einzelunternehmen führt. Gleichzeitig ist er an einer Baugesellschaft in der Rechtsform einer OHG zu 40 % beteiligt. Zur Herstellung der Bauobjekte liefert er regelmäßig Waren an die OHG, die von deren Arbeitskräften verarbeitet werden. Die Rechnungen verbucht er in seiner Einzelfirma als Ertrag. Sind die Erträge bei der OHG als Gewinnanteil oder bei dem Einzelunternehmen zu erfassen?

Der Bundesfinanzhof (Urteil vom 18.09.1969, IV 338/64, BStBl II 1970, 43) hat hier einen Ausnahmefall gesehen, nach dem es sich nicht um eine zum Gewinnanteil des Gesellschafters gehörende Vergütung für seine Tätigkeit im Dienste der Gesellschaft handelt. Zahlungen für vertragliche Beziehungen wie normale Warenlieferungen können nicht als „Vergütungen für Dienstleistungen“ oder für „die Überlassung von Wirtschaftsgütern“ bezeichnet werden.

Fall 30

Gesellschafter Blum hat ein unbebautes Grundstück bereits vor Jahren geerbt. Er ist zu 50 % an einer Gartenbau-GmbH & Co. KG beteiligt. Diese will ihren Betrieb vergrößern. Blum verkauft daher die Parzelle zu einem marktüblichen Preis. Im Vergleich zum Wert bei Anschaffung durch den Rechtsvorgänger erzielt er einen guten Gewinn. Gehört die Kaufpreiszahlung zu den Vergütungen für eine Tätigkeit im Dienst der Gesellschaft?

Diese Frage hat der Bundesfinanzhof (Urteil vom 03.05.1993, GrS 3/92, BStBl II 1993, 616) eindeutig mit nein beantwortet. Eine von der Personengesellschaft **einmalig geschuldete Gegenleistung** d.h. eine nach dem Wert des ganzen Wirtschaftsguts bemessene Zahlung wird nicht von der Vorschrift des § 15 Abs. 1 Nr. 2 EStG erfasst. Blum kann daher den Kaufpreis abzüglich der ursprünglichen Anschaffungskosten steuerfrei vereinnahmen, wenn der Zeitraum von zehn Jahren für ein privates Veräußerungsgeschäft (§ 23 EStG) überschritten ist.

Fall 31

Meyer & Müller betreiben ihr Autohaus in der Rechtsform einer GmbH & Co. KG. Beide sind Kommanditisten mit jeweils 50% Anteilen. Komplementär ist eine GmbH (ohne Beteiligung), die die Geschäftsführertätigkeit ausübt. Müller hat mit der GmbH einen Arbeitsvertrag als Geschäftsführer der GmbH. Die GmbH erhält von der GmbH & Co. KG monatlich 4.000 € für die Geschäftsführertätigkeit. Diese leitet das Geld unter Abzug von Steuern an Müller weiter. Die Komplementär-GmbH erhält für die Übernahme des Haftungsrisikos laut Gesellschaftsvertrag eine Vergütung von 1.500 €, die bereits als Betriebsausgabe verbucht ist. Die Handelsbilanz weist einen Gewinn von 70.000 € aus. Wie hoch sind die Gewinnanteile aller Gesellschafter?

Der Aufwendungsersatz einer GmbH & Co. KG für die Geschäftsführertätigkeit ist vom Grundsatz her Betriebsausgabe bei der Personengesellschaft. Bei Zahlung an die GmbH handelt es sich um deren Sonderbetriebseinnahmen. Die Komplementär-GmbH hat in gleicher Höhe Sonderbetriebseinnahmen. Die Zahlungen an den Geschäftsführer sind Sonderbetriebsausgaben der GmbH.

In unserem Fall besteht zwischen der GmbH & Co. KG und Müller keine unmittelbare Rechtsbeziehung. Das Recht, die Geschäfte der GmbH & Co. KG zu führen ergibt sich über den Geschäftsführervertrag zwischen der GmbH & Co. KG und der GmbH. Müller ist dadurch „mittelbarer Geschäftführer" der GmbH & Co. KG. Sein „Gehalt" ist über die Qualifizierung des § 15 Abs. 1 Nr. 2, 2. Halbsatz EStG Sonderbetriebseinnahme, nicht Einkünfte aus nichtselbständiger Arbeit.

Die Zahlung der Haftungsvergütung gehört zum Vorweggewinn, da sie im Gesellschaftsvertrag vereinbart wurde. Die Buchung als Betriebsausgabe ist nur handelsrechtlich zutreffend. Steuerlich liegt kein schuldrechtliches

Vertragsverhältnis vor, so dass die Vergütung zum Gesamthandsgewinn gehört.

Das Gesamtverteilung sieht wie folgt aus:

	Gesamt	GmbH	Meyer	Müller
Handelsbilanz	70.000 €	–	35.000 €	35.000 €
Haftungsvergütung	1.500 €	1.500 €	–	–
Gesamthandsgewinn	71.500 €	1.500 €	35.000 €	35.000 €
Zahlung für Geschäftsführung Sonderbetriebseinnahmen	96.000 €	+48.000 €	–	48.000 €
Geschäftsführergehalt Sonderbetriebsausgaben	–48.000 €	–48.000 €		
Gesamtgewinn	119.500 €	1.500 €	35.000 €	83.000 €

Die Vergütung wurde an Müller nach Abzug von Steuern ausgezahlt, da die Gesellschaft bisher von Arbeitslohn ausging. Diese einbehaltenen Steuern sind natürlich nicht verloren. Sie werden wie gezahlte Vorauszahlungen bei der Jahresveranlagung von Müller angerechnet, ggf. mit Ansatz eines Arbeitslohnes von 0 €.

Leitsatz 13

Tätigkeitsvergütungen

Zahlungen auf Grund des **Gesellschaftsvertrags** sind Vorabgewinne (=gesellschaftsrechtlicher Beitrag von Gesellschaftern). Sie dürfen nicht als Aufwand bei der Gesellschaft und Ertrag im Sonderbereich gebucht werden. Ein Geschäftsführergehalt, welches in einem **Arbeitsvertrag** vereinbart ist, ist Sonderbetriebseinnahme des Mitunternehmers. Zahlungen, die zur Erfüllung eines Vertragsverhältnisses geleistet werden, sind **schuldrechtlicher** Art. Sie mindern das Ergebnis laut Handelsbilanz/Steuerbilanz und werden als Sonderbetriebseinnahmen des einzelnen Gesellschafters erfasst. Das gilt auch für andere schuldrechtlichen Verträge wie Dienstvertrag, Werkvertrag oder Geschäftsbesorgungsvertrag.

Überlassung von Wirtschaftsgütern

Fall 32

Peters ist Elektroingenieur. Zur Vermarktung eines Patents gründet er eine GbR. Als Patentinhaber überlässt er die Rechte gegen eine monatliche Zahlung von 2.000 € der Gesellschaft. Diese übernimmt die Produktherstellung und den Vertrieb.

Patente gehören zu den immateriellen Wirtschaftsgütern. Die Zahlung für die Überlassung sind bei der Gesellschaft Betriebsausgaben und bei Peters Sonderbetriebseinnahmen. Das Patentrecht muss Peters in einer Sonderbilanz aktivieren.

Fall 33

Baumann ist Gesellschafter einer freiberuflicher Architekten-GbR. Teile seines privaten Wohnhauses werden von der Gesellschaft für Büro- und Lagerräume genutzt. Die monatliche Miete ist in einem Mietvertrag mit 1.500 € festgelegt.

Soweit ein Grundstück dem Betrieb einer Personengesellschaft dient, handelt es sich um Sonderbetriebsvermögen (R 4.2 Abs. 12 EStR). Das Steuerrecht behandelt unterschiedlich genutzte Gebäudeteile jeweils als ein besonderes Wirtschaftsgut (R 4.2 Abs. 4 EStR).

Die Büro- und Lagerräume sind daher Sonderbetriebsvermögen von Baumann. Die Miete gehört nicht zu den Einkünften aus Vermietung und Verpachtung, sondern zu den gewerblichen Einkünften.

Leitsatz 14

Überlassung von Wirtschaftsgütern

Zahlungen für Wirtschaftsgüter, die an die Gesellschaft verpachtet sind, gehören zu den gewerblichen Einkünften. Bei der Gesellschaft sind sie Betriebsausgaben und bei dem Gesellschafter Sonderbetriebseinnahmen, somit im Ergebnis gewinnneutral.

Hingabe von Darlehen

Fall 34

Schulz hat seiner GbR ein Darlehen von 20.000 € zur Anschubfinanzierung gegeben. Seinen Gesellschaftsanteil hat er in voller Höhe eingezahlt. Im Darlehensvertrag ist einer Verzinsung von 4 % vereinbart.

Die Umqualifizierung nach § 15 Abs. 1 Nr. 2 EStG gilt nicht nur für formelle Darlehensverträge, sondern auch für andere Formen der Überlassung von Kapital. Entscheidend ist die zivilrechtliche Abgrenzung zum Eigenkapital. Zahlungen für Eigenkapital, z.B. Kapitalkontenverzinsung sind Vergütungen nach § 15 Abs. 1 Nr. 2, 1. Halbsatz EStG. Zinsen für Fremdkapital – egal ob aufgrund einer besonderen schuldrechtlichen oder gesellschaftsrechtlichen Verpflichtung erhalten – sind Sonderbetriebseinnahmen nach § 15 Abs. 1 Nr. 2, 2. Halbsatz EStG.

Die Hingabe des Darlehens durch Schulz dient der Verwirklichung des Gesellschaftszwecks. Die Zinsen, die er erhält, sind daher nicht den Einkünften aus Kapitalvermögen, sondern den gewerblichen Einkünften zuzurechnen. Das Darlehen gehört zum Sonderbetriebsvermögen, die Erträge sind in einer Sonderbilanz zu erfassen.

Fall 35

B und C sind zu je 50 % am Gewinn und Verlust ihrer OHG beteiligt. Die Kapitalkonten sind mit 4 % zu verzinsen. Der Kapitalstand von B beträgt 50.000 €. C hat sich bei der Gesellschaft „bedient“ und dadurch ein negatives Kapitalkonto von 120.000 €. Der Gesamtgewinn beträgt 50.000 €. B hat damit einen Zinsanspruch von 2.000 €, C muss der Gesellschaft 4.800 € zahlen. Wie ist der Gesamtgewinn zu verteilen?

Der Ausweis der einzelnen Kapitalkonten der Gesellschafter in der Bilanz ist nach Handelsrecht nicht erforderlich. Gleichwohl, nicht zuletzt wegen der Interessengegensätze zwischen fremden Gesellschaftern, werden in der Praxis für jeden Gesellschafter ein oder mehrere Kapitalkonten geführt. In diesen Fällen stellt sich die Frage, welches Konto zum Fremd- oder Eigenkapital gehört. Nach dem Grundsatz der Vertragsfreiheit können die Gesellschafter vieles vereinbaren. Es steht ihnen frei, auf der einen Seite die Höhe des gesamthänderisch gebundenen Eigenkapitals und auf der anderen Seite die Forderungen und Verbindlichkeiten zu der Gesellschaft selbst zu bestimmen. An dieser Stelle sei auf die gesetzlichen Regelungen hingewiesen, die nur dann greifen, wenn der Gesellschaftsvertrag keine abweichende Regelung vorsieht. Bei der **OHG** sind die Kapitalkonten nach § 120 Abs. 2 HGB variabel, da Einlagen und Entnahmen, Gewinn und Verlust den Kapitalanteil bestimmen. Daraus folgt, dass ein positives Kapitalkonto nicht als Darlehen des Gesellschafters und ein negatives Kapitalkonto nicht als Forderung der Gesellschaft angesehen wird. Zinsen als Sonderbetriebseinnahmen eines Gesellschafters dürften daher nur dann vorliegen, wenn mit der Gesellschaft ein formeller Darlehensvertrag abgeschlossen wurde.

Bei der **Kommanditgesellschaft** besteht eine andere Ausgangsbasis. Gewinnanteile sind dem Kommanditisten nur insoweit gutzuschreiben, als der Betrag der bedungenen Einlage erreicht ist, § 167 Abs. 2 HGB. Übersteigende Gewinnanteile und ggf. Einlagen rechnen daher zum Darlehenskonto des Kommanditisten. Dem Kommanditisten wird insoweit eine echte Gläubigerstellung eingeräumt. Hierfür ist eine Sonderbilanz zu erstellen mit Aktivierung einer Forderung. Die Zinsen sind Sonderbetriebseinnahmen des Gesellschafters.

Für die Verteilung des Gesamtgewinns in unserem **Fall 35** ergeben sich folgende Berechnungen:

1. Das negative Konto ist als Eigenkapital anzusehen:

	Gewinn	Anteil B	Anteil C
Steuerbilanz	50.000 €		
Vorabverzinsung B	– 2.000 €	2.000 €	
Vorabverzinsung C	+ 4.800 €		– 4.800 €
zu verteilender Gewinn	52.800 €	26.400 €	26.400 €
Gewinnanteile		28.400 €	21.600 €

Die Zinszahlung wird nicht als Betriebseinnahme der Gesellschaft behandelt, sondern als negative Vorabvergütung (BFH-Urteil vom 4.5.2000, IV R 16/99, BStBl 2001 II, 171)

2. Das negative Konto ist als Fremdkapital anzusehen:

	Gewinn	Anteil B	Anteil C
Steuerbilanz	50.000 €		
Zinsen von C	+ 4.800 €		
zu verteilender Gewinn	54.800 €	27.400 €	27.400 €
Zinsen an B/von C		2.000 €	– 4.800 €
Gewinnanteile		27.400 €	22.600 €

Leitsatz 15

Hingabe von Darlehen

Die Zuordnung von Zinsen zum Vorweggewinn oder den Sonderbetriebseinnahmen hängt im wesentlichen von der vertraglichen Vereinbarung innerhalb der Gesellschaft ab. Werden auf dem Konto auch Verluste verbucht, spricht dies grundsätzlich gegen eine Behandlung als Darlehnskonto. Weiteres Kriterium ist die Frage, ob bei einem Ausscheiden des Gesellschafters oder der Liquidation der Gesellschaft das (aktivische) Konto in die Ermittlung des Abfindungsguthaben einbezogen wird. Bei einem Darlehenskonto käme allenfalls die Verrechnung mit einem Abfindungsguthaben in Betracht.

Sonderbetriebsausgaben

Fall 36

E beabsichtigt, in eine Gesellschaft einzusteigen. Vorab informiert er sich bei einem Steuerberater. Hierfür zahlt er 400 €.

Fall 37

A ist an einer Rechtsanwaltssozietät beteiligt. Er fährt mit seinem Privatwagen gelegentlich zu Mandanten oder zu Gerichtsterminen. Die Kosten werden nicht von der Gesellschaft erstattet.

Fall 38

W ist Mitinhaber eines Entsorgungsunternehmens. Er besucht ein Seminar über Umwelttechnik in der Schweiz. Es fallen Kosten für Flug und Hotel sowie Seminargebühren an.

Fall 39

V hat seine Betriebshalle der Gesellschaft verpachtet. Die laufenden Grundstücks- und Gebäudekosten trägt er allein.

Fall 40

U übernimmt von einem anderen Gesellschafter den Mitunternehmeranteil.

Zur Finanzierung nimmt er einen Kredit von 150.000 € auf. Die Bank zahlt ihm nach Abzug eines Disagios 145.000 € aus. Im laufenden Jahr zahlt U 7.500 € Zinsen.

Handelt es sich um Betriebsausgaben?

Betriebliche Aufwendungen, die ein Gesellschafter selbst trägt, sind Sonderbetriebsausgaben.

Leitsatz 16

Sonderbetriebsausgaben

Sonderbetriebsausgaben sind Aufwendungen,

- die ein Gesellschafter allein getragen hat oder
- die in Zusammenhang mit dem Sonderbetriebsvermögen stehen.

In den Fällen 36–40 hat der Gesellschafter persönlich Aufwendungen übernommen. Die Kosten sind Sonderbetriebsausgaben.

Im Fall 37 gilt das auch, obwohl der PKW wegen geringer betrieblicher Nutzung (unter 10 %) nicht zum Sonderbetriebsvermögen gehört. A kann je gefahrenen Kilometer 0,30 € als Sonderbetriebsausgaben ansetzen.

Die Fortbildungskosten des W im Fall 38 sind ebenso betrieblich veranlasste Sonderbetriebsausgaben. Neben den belegmäßig nachgewiesenen Kosten, kann er zusätzlich für Verpflegung eine Auslandspauschale von 48 € (ganztägig) als Sonderbetriebsausgaben buchen und statt der Hotelkosten pauschal 89 € für Übernachtung.

Das Grundstück des V im Fall 39 ist Sonderbetriebsvermögen, so dass die damit in Zusammenhang stehenden Aufwendungen Sonderbetriebsausgaben sind.

Auch die Refinanzierungskosten von U im Fall 40 für eine Gesellschaftereinlage sind Sonderbetriebsausgaben. U kann 5.000 € Disagio und 7.500 € Zinsen geltend machen.

Übersicht 7: Sonderbetriebsausgaben

Der Bereich der Sonderbetriebsausgaben ist vielfältig. Nachstehend eine nicht abschließende Aufstellung der möglichen Sonderbetriebsausgaben:

Kosten, die mit Wirtschaftsgütern in Zusammen-hang stehen oder bei denen Sonderbetriebseinnahmen vorliegen	- Abschreibung für der Gesellschaft überlassene Wirtschaftsgüter - Miete/Pacht, wenn ein Wirtschaftsgut an die Gesellschaft weiter verpachtet ist - Refinanzierungskosten für Anschaffung von Anlagevermögen oder betrieblichen Wertpapieren. - Refinanzierungskosten für der Gesellschaft gegebene Darlehen - Kursverluste bei Wertpapieren des gewillkürten Sonderbetriebsvermögens - Grundstücksaufwendungen für der Gesellschaft überlassene Grundstücke
übrige Sonderbetriebsausgaben	- Fahrtkosten mit privatem Kfz, 0,30 € je Km - Fahrten zwischen Wohnung und Betriebsstätte, 0,30 € je Entfernungs-Km - Reisekosten für Geschäftsreisen - Beiträge zu Berufsverbänden - Kosten eines Arbeitszimmers und der darin befindlichen Arbeitsmittel - Weiterbildungs-/Fortbildungskosten - Arbeitslöhne, Materialkosten bei einer Dienst oder Werkleistung - Refinanzierungskosten für die Gesellschaftereinlage - Beratungs- oder Prozesskosten bei Gesellschafterwechsel oder Rechtsstreitigkeiten innerhalb der Gesellschaft

Übersicht 8: Additive Gewinnermittlung

Der Gewinn einer Personengesellschaft ist in zwei Stufen zu ermitteln:

I. Stufe		Ergebnis laut Handelbilanz
		Übernahme der Handelsbilanzwerte in die Steuerbilanz nach dem Grundsatz der Maßgeblichkeit
	+/-	Korrekturen nach Steuerrecht - Bewertungs- und Bilanzierungswahlrechte - steuerliche Spezialvorschriften wie nicht abziehbare Betriebsausgaben, Kosten der privaten Lebensführung usw.
	=	Ergebnis Steuerbilanz
	+/-	Werte Ergänzungsbilanz
	=	**Gewinn/Verlust** aus dem **Gesamthandsvermögen** (§ 15 Abs. 1 Nr. 2, **1. Halbsatz** EStG)

II. Stufe	=	Gewinn/Verlust I. Stufe
	+	Sonderbetriebseinnahmen Tätigkeitsvergütungen Vergütungen für die Hingabe von Darlehen Vergütungen für die Hingabe von Wirtschaftsgütern
	-	Sonderbetriebsausgaben
	=	**Gesamtgewinn/-verlust der Personengesellschaft** (§ 15 Abs. 1 Nr. 2, **2. Halbsatz** EStG)

Die bei dem Gesamthandsvermögen abgezogenen Zahlungen an Gesellschafter werden durch eine Hinzurechnung als Sonderbetriebseinnahmen neutralisiert.

Lektion 9: Gewinn- und Verlustverteilung

Für die Verteilung des Gewinns oder Verlustes einer Personengesellschaft gibt es zwei Grundlagen

- die Gesellschaft verteilt nach den gesetzlichen Grundlagen
- die Gesellschafter haben die Verteilung vertraglich festgelegt.

Gesetzliche Regelung

Fall 41

T und K sind zu je 50% an einer GbR beteiligt. T ist der technische Fachmann, K hat den kaufmännischen Part übernommen. Die Kapitalkonten haben in etwa den gleichen Stand, da beide Gesellschafter die Einlage eingezahlt haben und jeweils den Jahresgewinn entnehmen. Das Jahresergebnis verteilen sie zu je ½. Kann die Verteilung für steuerliche Zwecke übernommen werden?

Bei der GbR ist nach § 722 Abs. 1 BGB eine **Verteilung nach Köpfen** vorgesehen. Die Verteilung 50 zu 50 entspricht der gesetzlichen Regelung. Mangels anderweitiger vertraglicher Vereinbarungen ist die von der Gesellschaft vorgenommene Aufteilung weder zivilrechtlich noch steuerrechtlich zu beanstanden.

Fall 42

An der OHG sind A, B und C zu je ⅓ beteiligt. Die Kapitalkonten haben folgenden Stand.

	A	B	C
1.1.	50.000 €	80.000 €	40.000 €
Einlage 1.7.	50.000 €	–	30.000 €
Entnahme 1.10.	–	10.000 €	–
31.12.	100.000 €	70.000 €	70.000 €

Die Gesellschaft hat

a) einen Gewinn von 119.800 €

b) einen Gewinn von 4.900 €

c) einen Verlust von 60.000 €

erzielt.

Besondere vertragliche Vereinbarungen bestehen nicht.

Bei einer OHG ist die gesetzliche Verteilung in § 121 HGB festgelegt. Danach ist eine Kapitalverzinsung von 4 % vorgesehen und anschließend eine Restverteilung des Gewinns nach Köpfen. Ein Verlust wird grundsätzlich nach Köpfen verteilt.

Für A, B und C ergibt sich folgende Verteilung:

Fall 42				a)	b)
Gesamtgewinn				119.800 €	4.900 €
A					
Kapital 1.1.	50.000 €	Zinsen 4 %, 6 Monate	1.000 €		
Kapital 1.7.	100.000 €	Zinsen 4 %, 6 Monate	2.000 €		
			3.000 €	– 3.000 €	– 3.000 €
B					
Kapital 1.1.	80.000 €	Zinsen 4 %, 9 Monate	2.400 €		
Kapital 1.10.	70.000 €	Zinsen 4 %, 3 Monate	700 €		
			2.100 €	– 2.100 €	– 2.100 €

Fall 42				a)	b)
C					
Kapital 1.1.	40.000 €	Zinsen 4 %, 6 Monate	800 €		
Kapital 1.7.	70.000 €	Zinsen 4 %, 6 Monate	1.400 €		
			2.200 €	– 2.200 €	– 2.200 €
Restgewinn				112.500 €	– 2.400 €
Verteilung nach Köpfen jeweils				37.500 €	– 800 €

Im **Fall b)** ist das Gesamtergebnis so gering, dass nur eine eingeschränkte Verzinsung des eingesetzten Kapitals möglich ist. Der zu verteilende Restbetrag wird dadurch negativ. Denkbar wäre auch eine Verteilung im Verhältnis der Gesellschaftsanteile oder nach dem Verhältnis der zustehenden Zinsbeträge. Diese Berechnungsmethode würde aber die Ungleichheit der Kapitalkonten nicht berücksichtigen.

Im **Fall c)** ist durch den Verlust keine Verteilung eines Vorweggewinns möglich. Statt der Verzinsung ist daher den Gesellschaftern nur jeweils 1/3 = – 20.000 € zuzurechnen.

Es sind folgende Gewinnanteile anzusetzen:

Fall 42		A	B	C
a)	Zinsen	3.000 €	2.100 €	2.200 €
	laufender Gewinn	37.500 €	37.500 €	37.500 €
	Summe	**40.500 €**	**39.600 €**	**39.700 €**
b)	Zinsen	3.000 €	2.100 €	2.200 €
	laufender Gewinn	– 800 €	– 800 €	– 800 €
	Summe	**2.200 €**	**1.300 €**	**1.400 €**

Fall 42		A	B	C
c)	Zinsen	0 €	0 €	0 €
	laufender Verlust	20.000 €	20.000 €	20.000 €
	Summe	**–20.000 €**	**–20.000 €**	**–20.000 €**

Vertragliche Regelung

Fall 43

Die Gesellschafter einer GbR sind zu gleichen Teilen Mitunternehmer. Der Senior verfügt über gute wirtschaftliche Kontakte, wodurch ein wesentlicher Teil des Umsatzes erzielt wird. Diesem Umstand ist im Gesellschaftsvertrag Rechnung getragen worden. Er erhält daher vom laufenden Gewinn vorab 12.000 €. Ist die abweichende Gewinnverteilung anzuerkennen?

Die Art der Verteilung können die Gesellschafter frei wählen. Dabei kann auf die gesetzlichen Grundlagen zurückgegriffen werden, es kann aber auch ein völlig anderer, von § 722 BGB, § 121 HGB abweichender Verteilungsmaßstab in Betracht kommen. Eine Gewinnverteilungsabrede bezieht sich immer auf die Handelsbilanz. Für steuerliche Zwecke gibt es keine besonderen Vorschriften, die eine Gewinnverteilung regeln. Die handelsrechtliche Aufteilung ist daher auch für steuerliche Zwecke zu übernehmen. Ein von der Gesellschaft vereinbarter Aufteilungsmaßstab wird in der Regel nicht zu beanstanden sein, da die zwischen fremden Gesellschaftern bestehenden Interessengegensätze zu einem reellen Aufteilungsverhältnis führen.

Im **Fall 43** werden auch für die Steuererklärung vorab 12.000 € dem Seniorgesellschafter zugerechnet. Er verschafft durch seine Person der Gesellschaft gegenüber bestimmte Vorteile, die es rechtsfertigen, eine besondere Vergütung zu zahlen.

Leitsatz 17

Gewinnverteilung

Die Gewinnverteilung kann der gesetzlichen Regelung entsprechen, jedoch auch frei vereinbart sein. Die Höhe richtet sich danach, inwieweit der Gesellschafter sich in die Mitunternehmerschaft einbringt. Für besondere Leistungen gegenüber der Gesellschaft sind Vorabgewinnanteile anzusetzen. Der verbleibende Gewinn, ggf. Verlust ist nach den von den Gesellschaftern getroffenen Vereinbarungen zu verteilen.

Angemessenheit der Gewinnverteilung

Fall 44

Die neu gegründete GmbH & Co. KG besteht neben der Komplementär-GmbH aus den Gesellschaftern F und M (=Eheleute). Bisher war der Ehemann Inhaber eines Einzelbetriebs, den er in die Gesellschaft eingebracht hat. Der Betrieb wird – bis auf die Rechtsform – unverändert von dem Ehemann weitergeführt. Bei dem Abschluss des Gesellschaftsvertrag hat man daher die formellen Dinge nicht besonders beachtet und die Gewinnverteilung nicht geregelt. Das erste Geschäftsjahr schließt mit einem Gewinn von 45.000 € ab, der überwiegend dem Ehemann zugerechnet wird.

Fall 45

K hat seine zwei minderjährigen Kinder mit jeweils 1.000 € im Wege einer Schenkung an der GmbH & Co. KG beteiligt. Sein eigener Anteil beträgt 98.000 €. Der gemeine Wert des Betriebs einschließlich stiller Reserven und Firmenwert beträgt 500.000 €. Im Gesellschaftsvertrag ist eine Gewinnbeteiligung entsprechend den Kapitalkonten nach Abzug einer Vorabvergütung vereinbart. Im abgelaufenen Jahr konnte die Gesellschaft einen hohen Gewinn von 150.000 € erzielen. Das hat K dazu bewogen, von dem Gewinn jeweils 10% an die Kinder zu verteilen. Ein formeller Gesellschaftsbeschluss wurde dazu schriftlich fixiert. Der kalkulatorische Unternehmerlohn von K beträgt 60.000 €.

Werden diese Verteilungen vom Finanzamt akzeptiert?

In beiden Fällen stellt sich die Frage, ob die Gewinnverteilung angemessen ist.

Der Begriff der Angemessenheit ist dehnbar und weder durch Gesetz noch von der Rechtsprechung genau festgelegt. Anhaltspunkte geben folgende Zahlen (nach der Literatur bzw. Rechtsprechung):

- bei einem unentgeltlich erworbenen Kommanditanteil ist eine Rendite von 15% für einen Zeitraum von fünf Jahren als Obergrenze angesehen worden (BFH-Urteil vom 24.07.1986, IV R 103/83, BStBl II 1987, 54 sowie H 15.9 Abs. 3 „Allgemeines" EStH)

  - ein höherer Gewinnanteil ist bei Mitarbeit des Gesellschafters möglich
  - ein geringerer Prozentsatz wäre angemessen, wenn der Kommanditist nicht an den stillen Reserven beteiligt ist oder die Entnahmen von Gewinnanteilen eingeschränkt ist.

- 25–35% des gemeinen Wertes des Gesellschaftsanteils, wenn das Familienmitglied den Gesellschaftsanteil aus eigenen Mitteln finanziert hat.

Die Entscheidung über die Angemessenheit wird branchenbezogen und jeweils konjunkturabhängig sein. Die Rendite muss vergleichbar sein mit den Vereinbarungen, die mit einem fremden Dritten abgeschlossen würden.

Ohne vertragliche Regelung muss im **Fall 44** auf die Gesetzeslage des §§ 168 Abs. 1 und 121 HGB zurückgegriffen werden. Es ist daher bei der Kommanditgesellschaft zunächst eine Verzinsung des Kapitals von 4% vorzunehmen. Der Restgewinn oder ein Verlust werden „angemessen" verteilt. Übernimmt der Ehemann unverändert die Geschäftsführung, wird er sicherlich den überwiegenden Teil des Gewinns erhalten. In der Praxis wird man eine derartige Regelungslücke aber kaum vorfinden, insbesondere wenn es sich um fremde Gesellschafter handelt.

Im **Fall 45** wird – unterstellt die minderjährigen Kinder arbeiten nicht im Betrieb mit – bei Beachtung der 15%-Grenze folgende Verteilung angemessen sein:

Gesamtgewinn	100.000 €
Unternehmerlohn Vater	60.000 €
zu verteilen nach Quote	40.000 €

Person		Kind 1		Kind 2		Vater	gesamt
Anteile		1 %		1 %		98 %	
nach Quote zu verteilen		400 €		400 €		39.200 €	40.000 €
tatsächliche Verteilung		4.000 €	4.000 €	4.000€	4.000 €	32.000 €	40.000 €
Anteil am gemeinen Wert	1 % von 500.000 = 5.000						
angemessene Rendite	15 % von 5.000	750 €	750 €	750 €	750 €		
Korrektur nach Angemessenheitsprüfung			3.250 €		3.250 €	3.250 € 3.250 €	
verbleibender Gewinnanteil		750 €		750 €		38.500 €	40.000 €

Die Differenz zwischen dem angemessenen Betrag und der tatsächlichen Verteilung ist einkommensteuerlich als Zuwendung im privaten Bereich, § 12 Nr. 2 EStG anzusehen. Die Verlagerung von Einkünften wird bei der Einkommensteuer nicht berücksichtigt.

In welchem Umfange eine Gewinnverteilung angemessen ist, sollte mit dem Finanzamt abgesprochen werden. Um auf der rechtlich sichereren Seite zu stehen, kann eine (kostenpflichtige) verbindliche Auskunft vom Finanzamt eingeholt werden. Diese hat formelle Erfordernisse, wie genaue Schilderung des geplanten – noch nicht verwirklichten – Sachverhalts und der eigenen rechtlichen Beurteilung.

Leitsatz 18

Angemessenheit der Gewinnverteilung

Bei fremden Gesellschaftern geht man davon aus, dass durch die Interessengegensätze die Verteilung den wirtschaftlichen/betrieblichen Verhältnissen entspricht. Es kann unterstellt werden, dass Leistung und Gegenleistung gleichwertig gegenüber stehen. Anders kann es bei Familiengesellschaften oder in vergleichbarer Form nahestehenden Gesellschaftern sein. Gewinn- oder Verlustanteile, die über einen angemessenen Betrag hinausgehen, sind nicht als Einkünfte, sondern als nicht abziehbare Zuwendungen zwischen den Gesellschaftern anzusehen.

Änderung der Gewinnverteilungsabrede

Fall 46

Baum führt seinen Gartenbaubetrieb in der Rechtsform einer GmbH & Co. KG. Kommanditisten sind er und seine Ehefrau zu je 40 %, ferner zwei Kinder zu je 10 %. Kurz vor Ende des Jahres erkennt er, dass die anteiligen Einkünfte der Kinder so hoch sind, dass der Anspruch auf Kindergeld wegfallen wird. Mit Gesellschafterbeschluss vom 30.11. wird daher der Gewinnanteil auf 5 % reduziert.

Eine Änderung des **Gewinnverteilungsschlüssel** kann zivilrechtlich jederzeit – auch rückwirkend – erfolgen. Gründe hierfür können ein Gesellschafterwechsel oder eine Veränderung der Mitarbeit bei der Gesellschaft sein. Es kann aber auch ein nach außen nicht erkennbarer Grund vorliegen. Für das Steuerrecht wird diese Änderung grundsätzlich übernommen. Anders beurteilt das Finanzamt aber zwei Fälle

- die Verteilung bei einer Familiengesellschaft oder vergleichbaren Personen entspricht nicht mehr dem, was zwischen fremden Gesellschaftern vereinbart würde (BFH-Urteil vom 15.05.1975, IV R 138/70, BStBl II 1975, 692)

- es ist eine rückwirkende Änderung vereinbart worden. Steuerlich werden nur die Verhältnisse nach Eintritt der Änderung berücksichtigt, unabhängig oder es sich um eine Familiengesellschaft oder um eine Gesellschaft zwischen fremden Dritten handelt. Hintergrund ist, dass der wirtschaftliche Erfolg der Personengesellschaft nicht rückwirkend korrigiert werden kann, da diese Geschäftsvorfälle abgeschlossen sind. Umsatz und Erträge sind erzielt worden und Betriebsausgaben sind entstanden. Es ist nicht zulässig, diese rückwirkend durch vertragliche Vereinbarungen neuen Gesellschafter zuzurechen (BFH-Urteil vom 15.3.2000, IV B 35/99, BFH/NV 2000, 1185 und vom 07.07.1983, IV R 87/79, nicht amtlich veröffentlicht).

Baum wird daher beim Finanzamt mit einer Zurechnung nur von 5% des Gewinns scheitern. Es sind keine Gründe ersichtlich, die eine Minderung rechtfertigen würden. Ein fremder Dritter würde nicht auf den anteiligen Gewinn verzichten. Auch scheitert die Änderung der Gewinnverteilung an der zeitlichen Reihenfolge. Der Beschluss vom 30.11 kann nicht ab 1.1. des Jahres gelten. Der Gewinnanteil dürfte, sofern er angemessen ist, nur für einen Monat reduziert werden.

Fall 47

A und B haben ihre GbR wegen Differenzen aufgelöst. Über die Verteilung des Gewinns streiten sie vor einem Gericht. Nach Jahren kommen sie zu einer außergerichtlichen Einigung, nach der B rückwirkend einen höheren Gewinnanteil für fünf Jahre erhält.

Hier handelt es sich nicht um die Änderung eines klaren, sondern um die richtige/rechtliche Feststellung eines unklaren Sachverhalts. Die Rechtsprechung des Bundesfinanzhofs (BFH-Urteil vom 23.04.1975, I R 234/74, BStBl II 1975, 603) sieht diesen Fall nicht als eine Rückwirkung an. Der Gewinnanteil von B ist jeweils für die Jahre zu erhöhen, der von A zu mindern.

Leitsatz 19

!

Änderung der Gewinnverteilung

Eine zivilrechtliche Änderung der Gewinn- und Verlustverteilung wird steuerlich in der Regel übernommen. Voraussetzung für die Anerkennung ist die Angemessenheit, insbesondere bei Familiengesellschaften.
Ferner akzeptiert das Finanzamt eine Änderung nur für die Zukunft.

Übersicht 9: Gewinnverteilung

Gesetzliche Regelung

GbR	OHG	KG	Atypisch stille Gesellschaft
§ 722 BGB	§ 121 HGB	§ 168 HGB	§ 231 HGB
Verteilung nach Köpfen	Kapitalverzinsung 4 %, Restgewinn sowie Verlust nach Köpfen	Kapitalverzinsung 4 %, Restgewinn sowie Verlust angemessen	Gewinn sowie Verlust angemessen

Vertragliche Regelung

Es besteht Vertragsfreiheit, die Gesellschafter können die Verteilung selbst bestimmen. Die Verteilung kann erfolgen nach:

- Köpfen
- Kapitalanteilen
- Arbeitseinsatz
- Umsatz
- Haftungsrisiko
- Wettbewerbsverbot
- persönlichen Kenntnissen und Fähigkeiten eines Gesellschafters (Branchenkenntnis, Kundennähe, Führungseigenschaften, Einbringung Firmenwert usw.)

Die zivilrechtliche/handelsrechte Vereinbarung wird in der Regel für steuerliche Zwecke übernommen. Lediglich bei Familiengesellschaften oder nahestehenden Gesellschaftern wird das Finanzamt die Angemessenheit prüfen.

Eine Änderung der Gewinnverteilungsabrede wird steuerlich nur für die Zukunft anerkannt.

Lektion 10: Verluste des Kommanditisten

Fall 48

Kommanditist M hat sich an der neu gegründeten GmbH & Co. KG beteiligt. Seine Einlage von 10.000 € hat er vertragsgemäß erbracht. Das erste Geschäftsjahr ist mit Anlaufkosten belastet, so das auf M ein Verlustanteil von 15.000 € entfällt. Im zweiten Jahr erhält er einen Gewinnanteil von 21.000 €. Welche Beträge sind steuerlich zu berücksichtigen?

Bei Verlusten des **Kommanditisten** hat der Gesetzgeber eine Hürde eingebaut. Nach § 15a Abs. 1 Satz 1 EStG darf der einem Kommanditisten zuzurechnende Verlust nicht mit anderen Einkünften ausgeglichen werden, soweit ein negatives Kapitalkonto entsteht oder sich erhöht. Soweit der Verlust nicht ausgeglichen werden darf, mindert er die Gewinne des Kommanditisten in späteren Wirtschaftsjahren (§ 15a Abs. 2 EStG).

Im ersten Jahr entsteht bei M ein negatives Kapitalkonto von 5.000 €. Insoweit kann der Verlust nicht ausgeglichen werden, es handelt sich um einen **verrechenbaren** Verlust. **Ausgleichsfähig** mit anderen Einkünften sind nur 10.000 €. Im zweiten Jahr wird dieser verrechenbare Verlust von dem Gewinn abgezogen, so dass M nur 16.000 € versteuern muss.

Fall 49

Wie **Fall 48** mit der Abwandlung, dass auf M im zweiten Jahr ein Verlust von 11.000 € entfällt. Gleichzeitig hat er 20.000 € aus seinem Privatvermögen in die Gesellschaft eingezahlt. Unterliegt der Verlust aus dem zweiten Jahr der Begrenzung nach § 15a EStG?

Nach § 15a Abs. 1 S. 1 EStG ist ein Verlust dann nicht ausgleichsfähig, wenn ein negatives Kapitalkonto entsteht oder sich erhöht.

Das Kapitalkonto von M hat sich folgt entwickelt:

31.12. Erstjahr	– 5.000 €
Einlage Zweitjahr	+ 20.000 €
Verlust Zweitjahr	– 11.000 €
31.12. Zweitjahr	+ 4.000 €

Es ist weder ein negatives Kapitalkonto entstanden, noch hat es sich erhöht. Der Verlust von 11.000 € ist ohne Begrenzung anzusetzen.

Fall 50

Wie Fall 48, jedoch hat M entgegen dem Gesellschaftsvertrag nur 3.000 auf sein Kapitalkonto eingezahlt. Wird der Verlust in gleicher Höhe wie bei einem voll eingezahlten Kapitalkonto berücksichtigt?

Die Rechtsfindung geht hier über § 15a Abs. 1 S. 2 EStG, wonach der Kommanditist auch Verluste ausgleichen kann, soweit die im Handelsregister eingetragene Einlage die tatsächlich geleistete Einlage übersteigt. Angesprochen ist die „Außenhaftung" nach § 171 Abs. 1 HGB. Weitere Voraussetzung nach § 15a Abs. 1 S. 3 EStG ist, dass der Kommanditist im Handelsregister eingetragen ist, das Bestehen der Haftung nachgewiesen ist und eine Vermögensminderung auf Grund der Haftung nicht ausgeschlossen oder unwahrscheinlich ist.

Nach Verlustverrechnung hat das Kapitalkonto von M einen Stand von – 12.000 €. Das führt zu folgendem steuerlichem Ergebnis im Erstjahr:

Gesamtverlust	15.000 €
ausgleichsfähig auf Grund Kapitalkonto	3.000 €
ausgleichsfähig auf Grund Außenhaftung	7.000 €
Verrechenbar	5.000 €

Fall 51

Wie Fall 48, mit der Abweichung, dass M im zweiten Jahr die restliche Einlage von 7.000 € leistet. Ferner ist ihm in diesem Jahr statt dem Gewinn ein Verlust von 17.000 € zuzurechnen. Welche Folgerungen sind aus der Einlage zu ziehen?

Zahlt ein Kommanditist weitere Gelder bis zur Höhe seiner im Handelsregister eingetragene Summe, wird dies als „haftungsbeendende" Einlage bezeichnet. Dadurch entsteht kein Ausgleichsvolumen für neue Verluste.

Der Verlust eines Vorjahrs, der auf Grund der Haftung ausgleichsfähig war („Haftungstabelle“) wird durch die haftungsbeendende Einlage ausgleichsfähig auf Grund Kapital („Kapitaltabelle“). Es findet gedanklich eine Umschichtung des Verlustes statt.

Mit der weiteren Einzahlung von 7.000 € ist die Haftung von M auf 10.000 € begrenzt. Der ausgleichsfähige Verlust aus dem Erstjahr wegen der Außenhaftung wird nachträglich in einen Verlust wegen Kapital umgewandelt. Die Einlage führt nicht dazu, das der Verlust von 17.000 € aus dem Folgejahr teilweise ausgleichsfähig wird. Dieser ist in voller Höhe nur verrechenbar (§ 15a Satz 1a EStG).

Fall 52

Ergänzung zum Fall 48: Der Kommanditist M hat zusätzlich ein Grundstück als Sonderbetriebsvermögen bilanziert, Buchwert 150.000 €. Durch hohe Instandhaltungskosten ist ein Verlust entstanden. Wirkt sich Sonderbetriebsvermögen bei den Verlusten nach § 15a EStG aus?

Nach ständiger Rechtsprechung der Steuergerichte, zuletzt BFH-Urteil vom 28.03.2000, VIII R 28/98, BStBl II 2000, 347 ist das Sonderbetriebsvermögen eines Gesellschafters nicht in das Kapitalkonto i.S. von § 15a EStG einzubeziehen. Das Gesellschaftsvermögen ist in allen Fragen des § 15a EStG von dem Sonderbetriebsvermögen zu trennen.

Das Grundstück von M kann daher den Wert des Kapitalkontos nicht um den Buchwert von 150.000 € erhöhen. Gleichzeitig kann der Verlust aus dem Sonderbetriebsvermögen nicht unter verrechenbare Verluste fallen, er ist ohne Begrenzung steuerlich abzugsfähig.

Fall 53

Abwandlung zum Fall 52. Aus der Vermietung des Grundstücks an die GmbH & Co. KG ist ein Gewinn von 18.000 € erzielt worden.

Die strickte Trennung zwischen Gesellschaftsvermögen und Sonderbetriebsvermögen für § 15a-Zwecke führt in diesem Fall zu nachteiligen Folgerungen für M.

Der ausgleichsfähige Verlust von 10.000 € auf dem Gesamthandsvermögen bleibt unverändert. Hinzuzurechnen ist der Gewinn aus dem Sonderbetriebsvermögen, so dass M 8.000 € versteuern muss. Der verrechenbare Verlust von 5.000 € kann hiermit nicht ausgeglichen werden.

Die Bestimmung des Kapitalkontos nach § 15a EStG ist in der Praxis mitunter schwer zu beurteilen.

Fall 54

Die Kommanditgesellschaft hat die Führung unterschiedlicher Konten vereinbart. Sämtliche Konten werden in der Gesellschaftsbilanz erfasst.

Konto I	Festes Kapitalkonto, von dem die Beteiligung am Gewinn/Verlust und die Stimmrechte abhängen
Konto II	Konto, dem nicht entnahmefähige Gewinnanteile zugebucht werden
Konto III	Darlehenskonto, dem entnahmefähige Gewinnanteile, Zinsen, Tätigkeitsvergütungen zugeschrieben werden und von dem Entnahmen abgebucht werden
Konto IV	Reines Verlustvortragskonto

Welche Konten gehören zum Kapital nach § 15a EStG?

Gewinne sind einem Kommanditisten nur solange auf seinem Kapitalkonto gutzuschreiben, bis dieses den Betrag der bedungenen Einlage erreicht (§ 167 Abs. 2 HGB). Darüber hinausgehende Beträge sind wie Darlehensforderungen zu behandeln. Die Folge ist, dass in der Gesellschaftsbilanz Kapital“anteile“ stehen können, die tatsächlich wie Sonderbetriebsvermögen zu behandeln sind. Entscheidendes Abgrenzungskriterium ist die Frage, ob das Kapital durch Buchung von Verlusten gegen den Willen des Kommanditisten entzogen werden kann (BFH-Urteil vom 05.06.2002, I R 81/00, BStBl II 2004, 344 und BMF-Schreiben vom 30.05.1997, IV B 2-S 2241a-51/93 II, BStBl I 1997, 627)

Die Kapitalkonten I, II und IV sind danach Verlustausgleichvolumen nach § 15a EStG. Insoweit besteht eine gesamthänderische Bindung. Das

Konto III ist ein reines Forderungskonto, welches bei § 15a EStG nicht einzubeziehen ist.

Fall 55

Die Gesellschaft besteht aus drei Gesellschaftern, von denen jeder nach dem Gesellschaftsvertrag 10.000 € eingezahlt hat. F ist Initiator der Gesellschaft und verfügt über weitere Mittel, die er der Gesellschaft zu Verfügung stellt. Er zahlt daher weitere 100.000 € auf sein Kapitalkonto ein. Mit den anderen Gesellschaftern ist vereinbart, dass dieses Geld während der Dauer der Gesellschaft als Darlehen bestehen bleibt und es im Falle des Ausscheidens mit einem negativen Saldo des Kapitalkontos verrechnet wird.

Im ersten Jahr entfällt auf F ein Verlust von 18.000 €. Ist der Verlustanteil nach § 15a EStG zu begrenzen?

Der Saldo zwischen Festkapitalkonto und Verlustvortragskonto beträgt – 8.000 €. Damit wäre in dieser Höhe ein verrechenbarer Verlust entstanden. Der Bundesfinanzhof lässt in einer aktuellen Entscheidung (Urteil vom 07.04.2005, IV R 24/03, BStBl II 2005, 598) auch weitere Gelder als Eigenkapital im Sinne des § 15a EStG zu. Bei einem Darlehen, welches für die Dauer der Gesellschaft gewährt wird und welches beim Ausscheiden mit den anderen Kapitalkonten verrechnet wird, handelt sich um materielles Eigenkapital. Der Bundesfinanzhof spricht in diesem Fall von einem **Finanzplandarlehen**, dessen Eigenkapitalfunktion nicht nur vorübergehend ist. Durch die Zuordnung zum Eigenkapital wird der Verlust von F in voller Höhe ausgleichsfähig.

Leitsatz 20

Verluste des Kommanditisten

Verluste eines Kommanditisten können nicht mit anderen Einkünften ausgeglichen werden, soweit ein negatives Kapitalkonto entsteht oder sich erhöht. Der Verlust ist insoweit verrechenbar und mindert die Gewinne aus der Personengesellschaft, die in Folgejahren auf den Kommanditisten entfallen.
Das Kapitalkonto „gilt" bis zum dem im Handelsregister eingetragenen Betrag als eingezahlt. Ein Verlust wird bis zum Betrag der bedungenen Einlage auf Grund der „Außenhaftung" berücksichtigt.

Übersicht 10: Verluste des Kommanditisten

Ein Verlustanteil des Kommanditisten ist	
ausgleichsfähig	bis zum Betrag seines Kapitalkontos
	bis zum Betrag der im Handelsregister eingetragenen Haftsumme
verrechenbar	soweit ein negatives Kapitalkonto entsteht
	soweit sich ein negatives Kapitalkonto erhöht

Zum Kapitalkonto im Sinne des § 15a EStG gehören (Gesamthandsvermögen)
festes Kapitalkonto
variable Konten, sofern sie nicht als Darlehens- oder Forderungskonto anzusehen sind und keine Verluste auf dem Konto verbucht werden.
Verlustausgleichskonto
Kapitalkonten der **Ergänzungsbilanz**
nicht Kapitalkonto des **Sonderbetriebsvermögens**

Das Haftungsvolumen des § 15a EStG wird	
erhöht	durch laufende Gewinne
	durch Einlagen
Vermindert	durch Verluste
	durch Entnahmen

V. Ertragsbesteuerung

Lektion 11: Ertragsbesteuerung der Personengesellschaft

Die Personengesellschaft als solches ist weder einkommensteuerpflichtig noch körperschaftsteuerpflichtig. Aus diesem Grunde werden die Gewinnanteile entsprechend Lektion 9 für jeden Gesellschafter ermittelt.

Fall 56

Die Kapital-GmbH & Co. KG hat in 2007 einen Gewinn von 280.000 € erzielt. Dieser entfällt mit 75.000 € auf Gesellschafter Lang und 200.000 € auf Gesellschafter Groß. Die Komplementär-GmbH erhält 5.000 €. Lang lässt sich den Gewinnanteil voll auszahlen, Groß kann von anderen Einkünften leben und lässt das Geld in der Firma. Wie holt sich das Finanzamt die Steuern von den Gewinnanteilen?

Versteuert werden die Gewinnanteile der Gesellschafter

- mit Einkommensteuer bei natürlichen Personen
- mit Körperschaftsteuer bei Kapitalgesellschaften (GmbH).

Unabhängig von der Entnahme des Gewinnanteils müssen die Gesellschafter ihre Einkünfte in der Einkommensteuer- bzw. Körperschaftsteuererklärung angeben. Das Finanzamt berechnet die Einkommensteuer nach den individuellen Verhältnissen der Gesellschafter.

An dieser Stelle soll die Steuerbelastung nur für den Gesellschafter Lang berechnet werden.

Gewinnanteil	200.000 €	
zu versteuernde Einkünfte nach Abzug von Sonderausgaben Versicherungen usw.	185.000 €	

Einkommensteuer Grundtabelle, 37,72 % Steuersatz	69.785 €	69.785 €
Anrechnung 1,8fache des Gewerbesteuer-Messbetrags, gesamt 11.575 € davon anteilig 200.000/280.000 = 8.268 €		14.883 €
verbleiben		54.902 €
Solidaritätszuschlag 5,5 %		3.019 €

Fall 57

Wie Fall 56, jedoch handelt es sich um Vorgänge im Jahr 2008. Ist die Steuerbelastung des Gesellschafters Groß unverändert?

Die Rechtslage ist seit 2008 etwas geändert. Der Spitzensteuersatz erhöht sich für gewerbliche Einkommen ab 250.000/500.000 € (Alleinstehende/ Verheirate) von 42 % auf 45 %. Insoweit ist Groß nicht betroffen.

Er kann aber einen geringeren Steuersatz von 28,25 % zuzüglich Solidaritätszuschlag für den nicht entnommenen Gewinn wählen (Thesaurierungsbegünstigung nach § 34a EStG, Unternehmenssteuerreformgesetz 2008).

Berechnungsgrundlage für den ermäßigten Steuersatz ist der Gewinn zuzüglich nicht abzugsfähige Betriebsausgaben. Seit 2008 greift hier die Besonderheit, dass durch Änderungen bei der Gewerbesteuer eine Wechselwirkung bei der Einkommensteuer eintritt:

- Die Gewerbesteuer ist nicht mehr als Betriebsausgabe abzugsfähig ist.
- Die Einkommensteuer ermäßigt sich um das 3,8fache des Gewerbesteuer-Messbetrags, maximal die tatsächlich gezahlte Gewerbesteuer.
- Die Gewerbesteuersteuermesszahl beträgt einheitlich 3,5 % ohne Staffelung.

Die Anwendung des Thesaurierungssatzes für die Einkünfte von Groß ergibt folgende Berechnung:

Gewinnanteil	200.000 €	
Gewerbesteuer 200.000 € x 3,5 % Messzahl × 400 % Hebesatz =	– 28.000 €	
Nicht entnommener Betrag	172.000 €	
Einkommensteuer 28,25 % von 172.000 €	48.590 €	
Einkommensteuer auf übrige Einkünfte (= Anteil Gewerbesteuer) 28.000 € × 37,72 % (Steuersatz bei 185.000 € zu versteuernden Einkünften)	10.561 €	
Gesamte Einkommensteuer	59.151 €	59.151 €
Anrechnung der Gewerbesteuer mit dem 3,8fachen des Gewerbesteuermessbetrags, maximal die tatsächlich gezahlte Gewerbesteuer 200.000 € × 3,5 % x 3,8 % =	– 26.600	
Einkommensteuer	32.551	32.551
Solidaritätszuschlag 5,5 %		1.790
Gesamte Steuerbelastung		34.341

Im Jahr der Gewinnerzielung spart Groß damit erhebliche Steuern.

Mit dieser Steuerentlastung ist der Fiskus nicht zufrieden. Er fordert eine Nachsteuer von 25 %, zuzüglich 5,5 % Solidaritätszuschlag, wenn in den folgenden Jahren die Entnahmen den Gewinnanteil übersteigen. Bemessungsgrundlage für diese Nachsteuer ist der begünstigt besteuerte Gewinn vermindert um die darauf entfallende Thesaurierungssteuer einschließlich Solidaritätszuschlag.

Leitsatz 21

Ertragsteuerbelastung

Die Ertragssteuerbelastung bei der Personengesellschaft erfolgt über die Versteuerung des jeweiligen Gewinnanteils mit Einkommensteuer (natürliche Personen) oder Körperschaftsteuer (juristische Personen).

Seit 2008 kann der Gesellschafter für den nicht entnommenen Gewinn eine Einkommensteuerbelastung von 28,25 wählen. Bei Entnahmen in Folgejahren wird eine Nachsteuer von 25 % erhoben.

Übersicht 11: Ertragsteuerbelastung

Steuerpflichtig sind	die Gesellschafter, nicht die Personengesellschaft
Steuerbelastung	natürliche Person mit Einkommensteuer juristische Person mit Körperschaftsteuer
Einkommensteuer	Progressiv von 0 bis 45 % mit Anrechnung der Gewerbesteuer Seit 2008 Steuersatz von 28,25 % für nicht entnommene Gewinne, Nachsteuer von 25 % bei Entnahme in Folgejahr Voraussetzung hierfür ist – Gewinnermittlung durch Bilanz – Gewinnanteil mehr als 10 % oder 10.000 € Es darf sich nicht um Veräußerungsgewinne handeln.
Körperschaftsteuer	15 %
Solidaritäts-zuschlag	jeweils 5,5 % der Einkommensteuer oder Körperschaftsteuer

VI. Änderungen bei der Personengesellschaft

Lektion 12: Sachliche Änderungen

Zwischen Personengesellschaft und Gesellschafter können einzelne Wirtschaftsgüter in den meisten Fällen ohne Aufdeckung stiller Reserven übertragen werden. Das erlaubt weitgehend steuerneutrale Umstrukturierungen .

Fall 58

Malermeister M hat mit seinen Söhnen ein Unternehmen für Industrieanstriche, Gesellschaftsform OHG. Der Betrieb wird von dem alten Familiengrundstück aus geführt, welches M gehört. Zur Alterversorgung verkauft er dieses mit notariellem Vertrag an die OHG zu einem Kaufpreis von 350.000 €. Der Betrag wird verrentet und monatlich ausgezahlt. Im Sonderbetriebsvermögen hat M einen Bilanzansatz von 150.000 €. Wie ist der Verkauf steuerlich zu erfassen?

Nach den Grundsätzen über die Ermittlung des Gewinns durch Bestandsvergleich (§ 4 EStG, § 5 Abs. 1 EStG), führt bei einer Veräußerung der Unterschiedsbetrags zwischen Buchwert und höherem Veräußerungserlös zu einer Gewinnrealisierung. Bei einer entgeltlichen Veräußerung innerhalb einer Mitunternehmerschaft greift die besondere Vorschrift des § 15 EStG Nr. 2 EStG nicht (BFH-Urteil vom 12.10.1977, I R 248/74, BStBl II 1978, 191–193).

M hat damit im Sonderbetriebsvermögen einen Gewinn von 200.000 € abzüglich Veräußerungskosten zu versteuern. Steuerliche Vergünstigungen wegen einer Umstrukturierung greifen nicht.

Fall 59

L hat bisher eine Lagerhalle in seinem Einzelunternehmen genutzt. Er vermietet diese nunmehr an eine GbR, an der er zu 40% beteiligt ist. Kann die Halle weiterhin im Einzelunternehmen bilanziert werden und welcher Wert ist anzusetzen?

Ein Wirtschaftsgut, welches bisher in einem Einzelunternehmen bilanziert war und nunmehr – entgeltlich oder unentgeltlich – einer Personengesellschaft überlassen wird, gehört zum notwendigen Sonderbetriebsvermögen. Die Bilanzierung im Einzelunternehmen ist nicht mehr richtig (BFH-Urteil vom 18.7.1979, I R 199/75, BStBl II 1979, 750).

Nach § 6 Abs. 5 S. 2, Alternative 1 EStG ist bei Überführung aus einem eigenen Betriebsvermögen in das eigene Sonderbetriebsvermögen oder umgekehrt der Wert anzusetzen, der sich nach den Vorschriften über die Gewinnermittlung ergibt.

Durch die geänderte Nutzung muss L die Lagerhalle in einer Sonderbilanz erfassen. Bei dem Wertansatz gibt § 6 EStG vor, dass der Wert anzusetzen, der sich nach den Vorschriften über die Gewinnermittlung ergibt. „Übersetzt" bedeutet dies, dass der Buchwert unverändert anzusetzen ist. Die Besteuerung von stillen Reserven ist gesichert, da die Halle weiterhin zum Betriebsvermögen gehört.

Die gleichen Rechtsfolgen ergeben sich im umgekehrten Fall, wenn die Halle von dem Sonderbetriebsvermögen in das Betriebsvermögen des Einzelunternehmens übergeht.

Fall 60

S hat ein Abbruchunternehmen als Einzelfirma. Sein Neffe ist Gesellschafter einer OHG, die Hoch- und Tiefbauarbeiten durchführt. Da S keine eigenen Kinder hat, überträgt er dem Neffen einen Bagger ohne Gegenleistung, Buchwert 15.000 €, Verkehrswert 40.000 €. Wie wird die Übertragung bei S und dem Neffen steuerlich beurteilt.?

Für die Übertragung/Überführung aus einem Einzelunternehmen in das Sonderbetriebsvermögen bei einer Personengesellschaft, an der der Übertragende nicht selbst beteiligt ist, gibt es keine steuerlichen Vergünstigungen. Mangels gesetzlicher Regelung ist bei S der Unterschiedsbetrag zwischen Buchwert und Verkehrswert von 25.000 € laufender Gewinn. Der Neffe hat Anschaffungskosten von 40.000 €, die er im Wege der Abschreibung auf die restliche Nutzungsdauer verteilt.

Fall 61

P ist an mehreren Personengesellschaften beteiligt. Bei der A-Gesellschaft hat er einen Anteil von 70 %. Mit dieser hat er einen Geschäftsführervertrag. Für die Tätigkeit nutzt er seinen eigenen PKW zu 80 % betrieblich. Eine weitere Gesellschaft hat Liquidationsprobleme. P übernimmt daher bei dieser die Geschäftsführertätigkeit. Bei der A-Gesellschaft führt die

Tochter nunmehr die Geschäfte. P nutzt den PKW zu 70 % für die weitere Gesellschaft. Ändert sich die Bilanzierung des PKW?

Bei der Überführung zwischen verschiedenen Sonderbetriebsvermögen desselben Steuerpflichtigen bei verschiedenen **Mitunternehmerschaften** ist nach § 6 Abs. 5 S. 2, Alternative 2 EStG der Buchwert anzusetzen.

Der PKW von P dient nach der **Nutzungsänderung** der weiteren Gesellschaft. Er ist damit als Sonderbetriebsvermögen dieser Gesellschaft zu bilanzieren. Die Überführung ist nach § 6 EStG steuerneutral. Die Sonderbilanz bei der A-Gesellschaft muss P auslösen und das Fahrzeug zum Buchwert bei dem Sonderbetriebsvermögen der neuen Gesellschaft einbuchen.

Fall 62

Die Kapitalkonten der Architekten-GbR weisen folgenden Stand aus:

A	150.000
B	100.000

B will sich stärker in der Gesellschaft engagieren und bringt aus seinem bisherigen Einzelunternehmen Büromöbel und -maschinen sowie mehrere PC mit einem Wert von 50.000 € in die Gesellschaft ein. Welche Folgerungen ergeben sich bei dem Einzelunternehmen und der GbR?

Zur Rechtsfindung könne zwei Vorschriften herangezogen werden.

Nach § 6 Abs. 6 Satz 1 EStG sind bei Übertragung eines Wirtschaftsguts im Wege des Tausches die Anschaffungskosten nach dem **gemeinen Wert** des hingegebenen Wirtschaftsguts anzusetzen.

§ 6 Abs. 5 Satz 3 Nr. 1 EStG schreibt die **Buchwertfortführung** vor, wenn ein Wirtschaftsgut gegen Gewährung oder Minderung von Gesellschaftsrechten aus einem Betriebsvermögen eines Mitunternehmers in das Gesamthandsvermögen einer Mitunternehmerschaft oder umgekehrt übergeht.

Auf den ersten Blick scheint hier die Gesetzgebung widersprüchlich zu sein. Mit BMF-Schreiben vom 7.6.2001, Aktenzeichen IV A 6-S 2241-52/01, BStBl I 2001, 367, ist jedoch Klarheit zur Gesetzesauslegung geschaffen worden. § 6 Abs. 5 Satz 3 EStG wird als „lex specialis" angesehen, die Vorrang vor § 6 Abs. 6 EStG hat. Eine Übertragung ist zwingend zum Buchwert vorzunehmen.

Die Architekten-GbR bilanziert in der Gesellschaftsbilanz zusätzlich ein Aktivvermögen von 50.000 €. Gleichzeitig wird das Kapitalkonto von B um diesen Betrag erhöht. Stille Reserven werden nicht aufgedeckt. Die bisherige Abschreibung der Wirtschaftsgüter wird unverändert fortgeführt.

Fall 63

Vater und Sohn sind an einer Baugesellschaft beteiligt. Die anderen Anteile halten fremde Gesellschafter. Zum Sonderbetriebsvermögen des Vaters gehört ein Baukran. Diesen überträgt er unentgeltlich an seinen Sohn, Buchwert 50.000 €, Verkehrswert 80.000 €.

Welchen Wert dürfen/müssen Vater und Sohn ansetzen?

Wird ein Wirtschaftsgut unentgeltlich zwischen den jeweiligen Sonderbetriebsvermögen verschiedener Mitunternehmer derselben Mitunternehmerschaft übertragen, ist nach § 6 Abs. 5 Nr. 3 EStG zwingend der Buchwert anzusetzen.

Der Kran ist im Sonderbetriebsvermögen des Sohnes mit 50.000 € zu aktivieren. Bei dem Vater entsteht kein Gewinn.

Fall 64

wie Fall 63, jedoch ist der Sohn Gesellschafter einer weiteren Baugesellschaft, an der der Vater nicht beteiligt ist. Der Baukran dienst ausschließlich der Gesellschaft des Sohnes.

Können die Buchwerte fortgeführt weden?

Die unentgeltliche Übertragung eines einzelnen Wirtschaftsguts zwischen den jeweiligen Sonderbetriebsvermögen verschiedener Mitunternehmer derselben Mitunternehmerschaft, ist nach § 6 Abs. 5 Nr. 3 EStG zum Buchwert vorzunehmen.

Der Sohn ist aber Gesellschafter einer anderen Personengesellschaft. Es handelt sich nicht um dieselbe Mitunternehmerschaft. Eine Buchwertübertragung scheidet damit aus. Der Vater muss einen Gewinn aus dem Sonderbetriebsvermögen von 30.000 € versteuern, der Sohn hat Anschaffungskosten von 80.000 € im Sonderbetriebsvermögen der weiteren Baugesellschaft.

Fall 65

A und B haben ihre jeweiligen Fuhrunternehmen zu einer OHG zusammengelegt. Beide bleiben in der Anfangsphase jeweils Eigentümer des Fuhrparks. Nachdem der Betrieb gut läuft, entschließen sie sich, auch die Fahrzeuge in die OHG einzubringen. Die Fahrzeuge haben folgende Werte:

	Buchwert	Verkehrswert
A	120.000 €	175.000 €
B	135.000 €	150.000 €

In der Bilanz der OHG werden die Übertragungen wie folgt gebucht:

Aktiva		Passiva	
Fahrzeuge	255.000 €	Kapital A	120.000 €
		Kapital B	135.000 €

Sind die Buchungen zutreffend?

Bei Überführung eines einzelnen Wirtschaftsguts aus dem Sonderbetriebsvermögen in das Gesamthandsvermögen und umgekehrt gegen Gewährung oder Minderung von Gesellschaftsrechten sind nach § 6 Abs. 5 Nr. 2, 1. Alternative EStG die Buchwerte anzusetzen.

A und B haben die Kapitalkonten erhöht. Es handelt sich damit um eine Gewährung von Gesellschaftsrechten. Diese ist eine Gegenleistung für die Einbringung des Fuhrparks. Die Übertragungen sind zutreffend mit den Buchwerten erfasst.

Fall 66

Der Vater hat ein Grundstück im Sonderbetriebsvermögen bilanziert. Dieses überträgt er gegen Gewährung von Gesellschaftsrechten an eine GmbH & Co. KG, an der er sowie ein Kind mit jeweils 45 % beteiligt sind. Die verbleibenden 10 % Anteile hält die GmbH. Das Grundstück hat einen Buchwert von 75.000 € und einen Teilwert von 120.000 €.

Ist eine Buchwertfortführung zutreffend?

Wie im vorherigen Fall muss bei Überführung von dem Sonderbetriebsvermögen in das Gesamthandsvermögen nach § 6 Abs. 5 Nr. 2, 1. Alternative EStG der Buchwert zwingend angesetzt werden. Soweit der Anteil einer Körperschaft an dem Wirtschaftsgut unmittelbar oder mittelbar begründet wird oder sich dieser erhöht, muss nach § 6 Abs. 5 Satz 5 EStG der Teilwert angesetzt werden.

10 % des Grundstücks werden der GmbH übertragen. Die Differenz zwischen Buchwert und Teilwert von 45.000 € ist zu 10 % steuerpflichtig. Der Vater muss daher 4.500 € als laufenden Gewinn versteuern, entsprechend hat die Gesellschaft höhere Anschaffungskosten.

Fall 67

V hat im Sonderbetriebsvermögen der Z-GmbH & Co. KG Wertpapiere in Höhe von 40.000 € bilanziert, Marktwert 60.000 €. Seine Tochter führt ein Modegeschäft als Einzelunternehmen. Um einen zusätzlichen Bankkredit zu bekommen braucht sie Sicherheiten. V steigt daher als Mitgesellschafter mit 30 % in das Modegeschäft ein. Zusätzlich überträgt er der GbR die Wertpapiere. Entsprechend wird sein Kapitalkonto um 40.000 € erhöht. Sind die Wertansätze für die Einbringung zutreffend?

§ 6 Abs. 5 Nr. 2, 2. Alternative EStG lässt bei Einbringung von Wirtschaftsgütern aus dem Sonderbetriebsvermögen in das Gesamthandsvermögen einer Personengesellschaft, an der der Einbringende beteiligt ist, nur den Buchwertansatz zu. Das gilt für die unentgeltliche Übertragung oder bei Einbringung gegen Gesellschaftsrechte. Ebenso ist der umgekehrte Fall geregelt, in dem Wirtschaftsgüter aus dem Gesamthandsvermögen in das Sonderbetriebsvermögen einer anderen Personengesellschaft gegen Minderung der Gesellschaftsrechts übertragen werden.

Es bleibt V keine andere Möglichkeit als den Buchwertansatz. Der Wertansatz von 40.000 € ist damit für die Wertpapiere und das Kapitalkonto zutreffend.

Fall 68

Eheleute M und F haben einen Kunstgewerbehandel in Form einer GbR. Tochter und Schwiegersohn steigen in die gleiche Branche ein und gründen ebenso eine GbR, an der sich die Eltern mit 25% beteiligen. Als Starthilfe geben die Eltern der neuen Gesellschaft Büromaschinen und -einrichtungen, PCs und Fotoausrüstungen, Buchwert insgesamt 3.500 €, Teilwert 6.000 €. Wie ist die Übergabe steuerlich zu würdigen?

Eine gesetzliche Regelung über eine Buchwertfortführung ist nicht vorhanden. Die Wirtschaftsgüter verlassen den betrieblichen Bereich der Gesellschaft der Eltern. Nach § 6 Abs. 1 Nr. 4 EStG ist der Teilwert bei einer Entnahme anzusetzen. Auf der anderen Seite gilt für die Einlage nach § 6 Abs. 1 Nr. 5 EStG ebenso der Teilwert.

Bei der Gesellschaft der Eltern muss ein Gewinn von 2.500 € versteuert werden. Die neue GbR hat zusätzliche Anschaffungskosten durch die Einlage mit dem Teilwert.

Hinweis: *Die Rechtslage ist umstritten; ggf. kommt als Ausweichstrategie eine mehrstufige Übertragung über das Sonderbetriebsvermögen in Betracht.*

Leitsatz 22

!

Überführung von Wirtschaftsgütern

Die

- **Überführung** – von einem Betriebsvermögen in ein anderes Betriebsvermögen **desselben** Eigentümers –
- unentgeltliche **Übertragung** – Übergang auf andere Steuerrechtssubjekte, **Rechtsträgerwechsel** –
- **Übertragung** gegen Gewährung von Gesellschaftsrechten beim aufnehmenden Betriebsvermögen
- **Übertragung** gegen Minderung von Gesellschaftsrechten beim abgebenden Betriebsvermögen

von Einzelwirtschaftsgütern ist weitgehend steuerneutral zu Buchwerten vorgeschrieben. Die Aufdeckung von stillen Reserven und Versteuerung ist nur in Ausnahmefällen bei einem Rechtsträgerwechsel erforderlich.

Zu der Übertragung von Einzelwirtschaftsgütern hier eine detaillierte Tabelle für die Einzelfälle.

Übersicht 12: Übertragung von Einzelwirtschaftsgütern

Einzelunternehmen A	WG ➡	Sonderbetriebsvermögen A Gesamthandsvermögen A+B	☛ Buchwert, § 6 Abs. 5 S. 2, Alt. 1 EStG
Sonderbetriebsvermögen A Gesamthandsvermögen A+B	WG ➡	Einzelunternehmen A	☛ Buchwert, § 6 Abs. 5 S. 2, Alt. 1EStG
Sonderbetriebsvermögen A Gesamthandsvermögen A+B	WG ➡	Sonderbetriebsvermögen A Gesamthandsvermögen A+C	☛ Buchwert, § 6 Abs. 5 S. 2, Alt. 2 EStG
Einzelunternehmen A	WG ➡	Gesamthandsvermögen A+B	☛ Buchwert, § 6 Abs. 5 S. 3, Nr. 1 EStG
Gesamthandsvermögen A+B	WG ➡	Einzelunternehmen A	☛ Buchwert, § 6 Abs. 5 S. 3, Nr. 1 EStG
Sonderbetriebsvermögen A	WG ➡	Gesamthandsvermögen A+B	☛ Buchwert, § 6 Abs. 5 S. 3, Nr. 2 EStG

Gesamthandsvermögen A+B	WG ➡	Sonderbetriebsvermögen A	☛ Buchwert, § 6 Abs. 5 S. 3, Nr. 2 EStG
Sonderbetriebsvermögen A Gesamthandsvermögen A+B	WG ➡	Sonderbetriebsvermögen B Gesamthandsvermögen A+B	☛ Buchwert, § 6 Abs. 5 S. 3, Nr. 3 EStG
Sonderbetriebsvermögen A Gesamthandsvermögen A+B	WG ➡	Sonderbetriebsvermögen B Gesamthandsvermögen A+C	☛ Teilwert, keine gesetzliche Regelung zum Buchwertansatz
Sonderbetriebsvermögen A Gesamthandsvermögen A+B	WG ➡	Gesamthandsvermögen A+C	☛ Buchwert, § 6 Abs. 5 S. 3, Nr. 2 EStG
Gesamthandsvermögen A+C	WG ➡	Sonderbetriebsvermögen A Gesamthandsvermögen A+B	☛ Buchwert, § 6 Abs. 5 S. 3, Nr. 2 EStG
Gesamthandsvermögen A+B	WG ➡	Gesamthandsvermögen A+C	☛ Teilwert, keine gesetzliche Regelung zum Buchwertansatz
Einzelunternehmen A	WG ➡	Sonderbetriebsvermögen B Gesamthandsvermögen A+B	☛ Teilwert, keine gesetzliche Regelung zum Buchwertansatz

Sonderbetriebsvermögen B Gesamthandsvermögen A+B	WG ➡	Einzelunternehmen A	☛ Teilwert, keine gesetzliche Regelung zum Buchwertansatz
Rückwirkender Teilwertansatz, wenn innerhalb der Sperrfrist		– das Wirtschaftsgut veräußert oder entnommen wird, außer bei Ergänzungsbilanz, Sperrfrist 3 Jahre nach Abgabe der Steuererklärung für das Übertragungsjahr	☛ § 6 Abs. 5 S. 4 EStG
		– nachträglich eine Körperschaft beteiligt wird, Sperrfrist 7 Jahre	☛ § 6 Abs. 5 S. 6 EStG

Lektion 13: Personelle Änderungen

An erster Stelle wäre die Aufnahme einer oder mehrerer Personen in eine Firma zu nennen. Es handelt sich um die Gründung einer Personengesellschaft.

Unentgeltliche Aufnahme in Einzelunternehmen

Fall 69

Der Vater V nimmt seinen Sohn S in sein bisheriges Einzelunternehmen auf. S muss keine Einlage leisten, sondern das Kapitalkonto des Vaters wird auf ihn zu 50% umgeschrieben. Die Firma wird nunmehr in Form einer GbR weitergeführt.

Welche steuerlichen Folgerungen ergeben sich?

Die Lösung dieser Frage verbirgt sich in § 6 Abs. 3 EStG: Wird ein Betrieb, ein Teilbetrieb oder der Anteil eines Mitunternehmers an einem Betrieb unentgeltlich übertragen, so sind bei der Ermittlung des Gewinns des bisherigen Betriebsinhabers (Mitunternehmers) die Wirtschaftsgüter mit den Werten anzusetzen, die sich nach den Vorschriften über die Gewinnermittlung ergeben; dies gilt auch bei der unentgeltlichen Aufnahme einer natürlichen Person in ein bestehendes Einzelunternehmen sowie bei der unentgeltlichen Übertragung eines Teils eines Mitunternehmeranteils auf eine natürliche Person.

V und S müssen danach die bisherigen Buchwerte ansetzen. Stille Reserven werden nicht aufgedeckt. Sämtliche Bilanzansätze und die Abschreibungen werden unverändert von der GbR übernommen.

Fall 70

wie Fall 69, jedoch entnimmt V den betrieblichen PKW.

Ist weiterhin eine Buchwertfortführung möglich?

Aus der Vorschrift des § 6 Abs. 3 EStG ist nicht ersichtlich, in welchem Umfang die betrieblichen Wirtschaftsgüter übertragen werden müssen. Hierzu ist auf die Rechtsprechung des Bundesfinanzhofs zurückzugreifen. Dieser fordert (BFH-Urteil vom 24.08.2000, IV R 51/98,

BStBl II 2005, 173), dass alle funktional wesentlichen Betriebsgrundlagen mit übertragen werden.

Der betriebliche PKW ist ein einzelnes Wirtschaftsgut, welches nicht zu den wesentlichen Betriebsgrundlagen gehört. Er ist kein für den Betriebsablauf entscheidendes Wirtschaftsgut. Die Entnahme ist damit unschädlich für den weiteren Buchwertansatz der übrigen Wirtschaftsgüter. Nur der Differenzbetrag zwischen Entnahmewert und Buchwert des PKW ist laufender Gewinn.

Fall 71

wie Fall 69, jedoch will V sein Betriebsgrundstück vorerst selbst behalten und der Gesellschaft vermieten.

Ist eine Buchwertfortführung zulässig, obwohl funktional wesentliche Betriebsgrundlagen nicht übertragen werden?

Hier gibt § 6 Abs. 3 Satz 2 EStG Aufschluss, wonach Satz 1 auch anzuwenden ist, wenn der bisherige Betriebsinhaber (Mitunternehmer) Wirtschaftsgüter, die weiterhin zum Betriebsvermögen derselben Mitunternehmerschaft gehören, nicht überträgt, sofern der Rechtsnachfolger den übernommenen Mitunternehmeranteil über einen Zeitraum von mindestens fünf Jahren nicht veräußert oder aufgibt.

Das Betriebsgrundstück wird Sonderbetriebsvermögen in der GbR. Dies erlaubt es, weiterhin die Buchwerte ohne Aufdeckung stiller Reserven anzusetzen. Der Sohn muss lediglich die Frist von fünf Jahren einhalten und während dieser Zeit weiterhin Gesellschafter bleiben.

Leitsatz 23

Unentgeltliche Aufnahme in Einzelunternehmen

Die Gründung einer Personengesellschaft durch die **unentgeltliche** Aufnahme in eine bereits bestehende Einzelfirma ist nach § 6 Abs. 3 EStG zu Buchwerten – ohne Aufdeckung stiller Reserven – vorzunehmen. Das gilt auch, wenn funktional wesentliche Wirtschaftsgüter nicht übertragen werden, jedoch als Sonderbetriebsvermögen der Gesellschaft überlassen werden.

Entgeltliche Aufnahme in Einzelunternehmen

Unter fremden Dritten wird die Aufnahme in ein Einzelunternehmen nicht unentgeltlich erfolgen. Es ergeben sich daher andere steuerliche Folgerungen.

Fall 72

Holz hat seine Schreinerei jahrelang als Einzelunternehmen geführt. Die Auftragslage ist so gut, dass er nur bei weiteren Investitionen zeitgerecht und mit qualitativ hochwertigen Produkten liefern kann. Er gründet daher mit seinem Werkstattmeister Nagel eine OHG. Dieser zahlt 150.000 € in die Gesellschaft ein. Die Einlage von Holz besteht aus dem Einzelunternehmen, Buchwert 80.000 €, Teilwert 150.000 €.

Wie ist bilanziell zu verfahren und muss Holz einen Gewinn versteuern?

Zur Lösung diese Falles ist das bisher nicht angesprochene **Umwandlungssteuergesetz** (UmwStG) heranzuziehen. Weitere Rechtsgrundlage ist das BMF-Schreiben vom 25.3.1998, IV B 7-S 1978-21/98, BStBl I 1998, 268, welches sich eingehend mit der Auslegung des Umwandlungssteuergesetzes befasst.

Nach § 24 Abs. 1 und 2 UmwStG ist der gemeine Wert oder auf Antrag der Buchwert oder ein Zwischenwert anzusetzen, wenn ein Betrieb oder Teilbetrieb oder ein Mitunternehmeranteil in eine Personengesellschaft eingebracht wird und der Einbringende Mitunternehmer der Gesellschaft wird (Tz. 24.01 Buchstabe d) des BMF-Schreibens).

Entscheidend ist, wie das eingebrachte Betriebsvermögen bei der Personengesellschaft bilanziert wird. Der Umfang einer Gewinnrealisierung wird von der Personengesellschaft bestimmt.

Will Holz eine Versteuerung stiller Reserven vermeiden, wird er von seinem Wahlrecht Gebrauch machen und die Buchwerte bei der OHG fortführen. Die hierfür sinnvollste Bilanzierung wäre

1. Bilanzierung vor Gründung der OHG

Aktiva		Passiva	
Maschinen	80.000 €	Kapital Holz	80.000 €

2. Bilanz der OHG

Aktiva		Passiva	
Maschinen	150.000 €	Kapital Holz	150.000 €
Bank	150.000 €	Kapital Nagel	150.000 €

Die Kapitalkonten in der Gesamthandbilanz entsprechen damit dem (handelsrechtlichen) Beteiligungsverhältnis. Die zu hohe Bilanzierung der Maschinen wird durch eine negative Ergänzungsbilanz korrigiert. Damit wird erreicht, dass im Ergebnis die Bilanzwerte des Anlagevermögens unverändert sind.

Ergänzungsbilanz Holz

Aktiva		Passiva	
Kapital	70.000 €	Maschinen	70.000 €

Wird nach § 24 Abs. 2 Satz 1 EStG der gemeine Wert (Obergrenze Teilwert § 24 Abs. 2 Satz 3 UmwStG) angesetzt, entsteht bei Holz ein Veräußerungsgewinn:

Buchwert Maschinen	80.000 €
gemeiner Wert	150.000 €
Veräußerungsgewinn	70.000 €

Ein Veräußerungsgewinn zieht weitere steuerlichen Folgerungen nach sich. In Betracht kommen der ermäßigte Steuersatz nach § 34 EStG oder der Freibetrag von bis zu 45.000 € nach § 16 Abs. 4 EStG. Voraussetzung hierfür ist,

- kein laufender Gewinn
- kein Halb-Teileinkünfteverfahren

Unter das Halbeinkünfteverfahren würden Wertpapiere oder GmbH-Anteile fallen, die zum bisherigen Einzelunternehmen gehörten.

Zur Abgrenzung des laufenden Gewinns verweist § 24 Abs. 3 Satz 4 UmwStG auf § 16 Abs. 2 Satz 3 EStG, wonach kein Veräußerungsgewinn vorliegt, soweit auf der Seite des Veräußerers und Erwerbers dieselben Personen sind (Tz. 24.16 BMF-Schreiben vom 25.3.1998).

Bei der Einbringung des Einzelunternehmens in die OHG bleibt Holz zu Hälfte Miteigentümer des Anlagevermögens. Die Hälfte des Veräußerungsgewinns von = 35.000 € ist daher laufender Gewinn, der auch der Gewerbesteuer unterliegt (Tz. 24.17 BMF-Schreiben vom 25.3.1998).

Die Bilanz der OHG sieht wie folgt aus:

Aktiva		Passiva	
Maschinen	150.000 €	Kapital Holz	150.000 €
Bank	150.000 €	Kapital Nagel	150.000 €

Die OHG hat zusätzliche Anschaffungskosten von 70.000 €, die abgeschrieben werden. Ist im Einzelunternehmen ein Firmenwert enthalten, muss dieser bei der OHG bilanziert werden, soweit die aufgedeckten stillen Reserven nicht bereits dem Anlagevermögen zugeordnet wurden.

Wird von der OHG die dritte Möglichkeit gewählt, der Ansatz eines Zwischenwerts, entsteht zwar ein Veräußerungsgewinn, für den aber weder der ermäßigte Steuersatz noch ein Veräußerungsfreibetrag angesetzt werden kann, da nicht alle stillen Reserven aufgedeckt werden. Eine Gewerbesteuerpflicht dieses Gewinns besteht nicht.

Unschädlich für die Anwendung des § 24 UmwStG ist, wenn der Einbringende neben der Einräumung der Mitunternehmerstellung auch Zuzahlungen und/oder andere Ausgleichs- oder Nebenleistungen erhält, sofern diese in das Betriebsvermögen der Personengesellschaft gelangen (BFH, Urteil vom 23.06.1981, VIII R 138/80, BStBl II 1982, 622).

Leitsatz 24

Entgeltliche Aufnahme in Einzelunternehmen

Die Aufnahme in ein Einzelunternehmen und die damit verbundene Einbringung des bisherigen Betriebsvermögens in die neu gegründete Personengesellschaft ist für den Einbringenden nach § 24 UmwStG ohne Belastung mit Steuern möglich. Stille Reserven bleiben in dem neuen Mitunternehmeranteil „steuerverhaftet".
Entscheidend ist, wie die Personengesellschaft das Betriebsvermögen ansetzt:

- mit dem Buchwert,
- Zwischenwert oder
- gemeinen Wert.

Der Umfang einer Gewinnrealisierung wird von dem Wertansatz bei der Personengesellschaft bestimmt.
§ 24 UmwStG regelt die Einbringung von Betriebsvermögen in eine Personengesellschaft/Sozietät, die gewerblich, freiberuflich oder land- und forstwirtschaftlich tätig ist.

Aufnahme in Einzelunternehmen mit Zuzahlung in das Privatvermögen

Fall 73

wie Fall 72, jedoch zahlt Nagel einen Betrag von 75.000 € auf das private Konto von Holz.

Fällt die Einbringung mit privater Zuzahlung unter das Umwandlungssteuergesetz?

Diese Frage lässt sich mit dem BFH-Urteil vom 18.10.1999, GrS 2/98, BStBl II 2000, 123, beantworten. Danach liegt bei der Einbringung eines Betriebs in eine Personengesellschaft gegen eine Ausgleichszahlung des aufgenommenen Gesellschafters in das Privatvermögen des Einbringenden ein von der Einbringung gemäß § 24 UmwStG getrennt zu beurteilender Veräußerungsvorgang vor. Der zu versteuernde Gewinn entsteht in Höhe der Differenz zwischen der Zuzahlung und den Buchwerten der anteilig übertragenen Wirtschaftsgüter des Betriebsvermögens. Entsprechend hat die Finanzverwaltung regiert und mit BMF-Schreiben vom 21.08.2001, IV A 6-S 1909-11/01, BStBl I 2001, 543 Einzelheiten geregelt.

Die Zahlung von Nagel auf ein privates Konto von Holz führt also dazu, dass der Vorgang zu zerlegen ist in

- einen **nicht** unter § 24 UmwStG fallenden **Veräußerungs**vorgang und
- einen nach § 24 UmwStG begünstigten **Einbringungs**vorgang.

Zwar wird der gesamte Betrieb des Holz in die neue Gesellschaft eingebracht, jedoch für Rechnung des Nagel hinsichtlich der veräußerten Eigentumsanteile und für eigene Rechnung hinsichtlich der verbliebenen Hälfte der eigenen Eigentumsanteile (Tz 24.09 BMF-Schreiben vom 21.08.2001).

Die Eigentumsanteile an der **einen** Hälfte der Wirtschaftsgüter sind veräußert worden. Es ergibt sich folgender Veräußerungsgewinn:

Buchwert Anlagevermögen 1/2 von 80.000 €	40.000 €
Zahlung von Nagel	75.000 €
Veräußerungsgewinn des Holz	35.000 €

Der Veräußerungserlös wird vor der Einbringung aus dem Betriebsvermögen entnommen. Anschließend wird der Betrieb so eingebracht, wie er sich nach der Entnahme darstellt (Tz 24.11 BMF-Schreiben vom 21.08.2001).

Hinsichtlich der **anderen** Hälfte des Betriebsvermögens (= in die Personengesellschaft eingebrachter Teil) hat Holz das Wahlrecht nach § 24 UmwStG.

Soll bei der Personengesellschaft weiterhin der **Buchwert** angesetzt werden, kann Holz für den Veräußerungsgewinn keine Steuervergünstigung (ermäßigter Steuersatz, Veräußerungsfreibetrag) erhalten, da

- keine Veräußerung des Betriebs (§ 16 Abs. 1 Nr. 1 EStG) vorliegt, sondern nur Miteigentumsanteile an Wirtschaftsgütern veräußert werden und

- im Zeitpunkt der Veräußerung keine Mitunternehmerschaft bestand, sondern diese erst durch die Einbringung begründet wurde.

Es handelt sich um einen laufenden Gewinn, der auch der Gewerbesteuer unterliegt.

Wird eine Einbringung zum **gemeinen** Wert (=Teilwert) gewählt, werden alle stillen Reserven aufgedeckt. Der Bundesfinanzhof (Urteil vom 21.09.2000, IV R 54/99, BStBl II 2001, 178) behandelt diesen Fall wie folgt:

- zuerst wird das gesamte Einzelunternehmen in die Personengesellschaft eingebracht,

- anschließend veräußert der bisherige Einzelunternehmer einen Teil seines Mitunternehmeranteils.

Die Veräußerung ist als ein Vorgang zu sehen, der der Einbringung nachfolgt.

Mit Zahlen unterlegt, ist im **ersten** Schritt bei der Einbringung des Einzelunternehmens wie bei **Fall 72** ein Einbringungsgewinn von 70.000 € anzusetzen. Holz ist zu 50 % an der neuen Personengesellschaft beteiligt, Insoweit gilt die Sondervorschrift des § 24 Abs. 3 Satz 3 UmwStG, die sich auf § 16 Abs. 2 Satz 3 EStG bezieht. 50 % des Gewinns sind nicht begünstigt, sondern als laufender Gewinn zu versteuern. Für die andere Hälfte des Veräußerungsgewinns = 35.000 € kann Holz den ermäßigten Steuersatz (§ 34 EStG und den Freibetrag (§ 16 Abs. 4 EStG) erhalten (Tz. 24.12a BMF-Schreiben vom 21.08.2001).

Im **zweiten** Schritt veräußert Holz seinen Mitunternehmeranteil. Er überlässt Nagel 75.000 € des Anlagevermögens zu dem Kaufpreis von 75.000 €. Es entsteht dadurch kein weiterer Veräußerungsgewinn, da der Veräußerungserlös dem Buchwert entspricht.

Die fiktive Bilanz nach Einbringung des Einzelunternehmens würde wie folgt aussehen:

Aktiva		Passiva	
Maschinen	150.000 €	Kapital Holz	150.000 €

Die tatsächliche Bilanz der Gesellschaft enthält folgende Werte:

Aktiva		Passiva	
Maschinen	150.000 €	Kapital Holz	75.000 €
		Kapital Nagel	75.000 €

Leitsatz 25

Aufnahme in Einzelunternehmen mit Zuzahlung in das Privatvermögen

Zahlt ein in ein Einzelunternehmen aufgenommener Gesellschafter den Ablösungsbetrag auf ein privates Konto des bisherigen Betriebsinhabers, liegen zwei steuerlich getrennt zu beurteilende Vorgänge vor:

1. ein **nicht** unter § 24 UmwStG fallenden **Veräußerungsvorgang** und
2. ein nach § 24 UmwStG begünstigten **Einbringungsvorgang.**

Bei dem Veräußerungsvorgang entsteht ein Veräußerungsgewinn, anschließend werden die Wirtschaftsgüter hinsichtlich der Eigentumsanteile für Rechnung des neu eingetretenen Gesellschafters eingebracht.

Hinsichtlich des Einbringungsvorgangs erfolgt eine Einbringung für eigene Rechnung. Insoweit besteht das Wahlrecht nach dem UmwStG.

Aufnahme in Einzelunternehmen gegen Gutschrift auf Darlehenskonto

Fall 74

Wie Fall 72, jedoch gewährt Holz der GbR ein Darlehen von 75.000 €.

Müssen stille Reserven aufgedeckt werden?

Dieser Fall ist in Tz. 24.08 des BMF-Schreibens vom 21.8.2001 geregelt. Danach reicht die Verbuchung auf einem Darlehenskonto nicht für die Anwendung des § 24 UmwStG aus. Hinsichtlich des Teils des Betriebsvermögens, für den Nagel eine Darlehensforderung hat, liegt eine entgeltliche Übertragung vor. Holz muss daher die stillen Reserven anteilig realisieren und einen Veräußerungsgewinn versteuern.

Leitsatz 26

Aufnahme in Einzelunternehmen gegen Gutschrift auf Darlehnskonto

Wird für die Einbringung einem in ein Einzelunternehmen eingetretenen Gesellschafter eine Buchung auf einem Darlehnskonto vorgenommen, liegt kein Fall des Umwandlungsteuergesetztes vor. Insoweit handelt es sich um eine Veräußerung, bei der die stillen Reserven realisiert werden.

Eintritt in eine bestehende Personengesellschaft

In der rechtlichen Beurteilung des Eintritts in eine Personengesellschaft gibt es Parallelen zur Gründung einer Personengesellschaft. Es ist zu unterscheiden zwischen dem unentgeltlichen Eintritt und dem Eintritt in eine Personengesellschaft gegen Entgelt.

a) Unentgeltlicher Eintritt

Fall 75

Die Brüder A und B führen eine Rechtsanwaltskanzlei als GbR. Die Tochter von B hat ihre juristische Ausbildung beendet und wird Mitgesellschafterin in der Kanzlei. Das Kapitalkonto von B wird zur Hälfte auf die Tochter überschrieben. Zahlungen muss die Tochter nicht leisten. Kostet dieser Übertragungsvorgang Steuern?

Die Frage lässt sich mit § 6 Abs. 3 EStG beantworten:

Wird der Anteil eines Mitunternehmers an einem Betrieb unentgeltlich übertragen, so sind bei der Ermittlung des Gewinns des bisherigen Betriebsinhabers (Mitunternehmers) die Wirtschaftsgüter mit den Werten anzusetzen, die sich nach den Vorschriften über die Gewinnermittlung ergeben.

B hat einen Teil seines Mitunternehmeranteils an seine Tochter übertragen. Hierfür ist nach § 6 Abs. 3 EStG zwingend die Buchwertfortführung vorgeschrieben. Die bisherigen Buchwerte und Abschreibungen werden unverändert fortgeführt.

Zivil-/handelsrechtlich wird die Identität der bisherigen Gesellschaft nicht berührt. Die bisherige Gesellschaft besteht weiter. Die neue Gesellschafterin ist am Gesamthandsvermögen beteiligt, korrespondierend mindert sich der Anteil des übertragenden Altgesellschafters.

Leitsatz 27

Unentgeltlicher Eintritt in bestehende Personengesellschaft

Die Aufnahme eines Gesellschafters in eine bestehende Personengesellschaft **ohne** Gegenleistung muss zum Buchwert erfolgen. Stille Reserven werden nicht aufgedeckt.

b) Eintritt in eine Personengesellschaft gegen Entgelt

Fall 76

X und Y haben ein gut gehendes Fitnessstudio in Form einer GbR.

Die Bilanz sieht wie folgt aus:

Aktiva		Passiva	
Anlagevermögen	150.000 €	Kapital X	60.000 €

Umlaufvermögen	25.000 €	Kapital Y	60.000 €
		Verbindlichkeiten	55.000 €
	175.000 €		175.000 €

Im Anlagevermögen sind stille Reserven von 90.000 € vorhanden.

Der medizinische Bereich soll durch einen Krankengymnasten (K) stärker in den Vordergrund gerückt werden. Die Gesellschafter gehen daher wie folgt vor:

Alternative 1:

X und Y gründen für die Aufnahme des Gesellschafters eine neue OHG, in die sie ihre Mitunternehmeranteile an der bisherigen GbR einbringen.

Alternative 2:

X und Y nehmen K in die bestehende Firma auf.

Zu Berechnung des von K zahlenden „Eintrittsgelds" gehen X und Y von folgendem Wert aus:

Anlagevermögen	240.000 €
Umlaufvermögen	25.000 €
Verbindlichkeiten	-55.000 €
gesamter Wert der Firma	210.000 €

Nach der Aufnahme sind alle Gesellschafter zu je $\frac{1}{3}$ an dem gesamten Vermögen einschließlich Bankguthaben beteiligt. K verpflichtet sich daher 105.000 € auf das Konto der OHG bzw. der neuen Gesellschaft einzuzahlen. Als Gegenleistung wird er Mitunternehmer mit Gesellschaftsrechten. Müssen X und Y den Betrag von 105.000 € versteuern und wie wird der Betrag bei K berücksichtigt?

Diese Frage ist über das Umwandlungssteuergesetz (UmwStG) zu beantworten.

Lösung 1. Alternative

Nach § 24 UmwStG besteht bei Einbringung eines Mitunternehmeranteils in eine Personengesellschaft ein Wahlrecht, das eingebrachte Betriebsvermögen mit dem

- Buchwert
- Zwischenwert oder
- gemeinen Wert

anzusetzen.

Entscheidend ist, wie die neue Gesellschaft bilanziert. Setzt die neue OHG die **Buchwerte** an, werden stille Reserven nicht besteuert. Zur Bilanzierung bei der OHG bestehen nach Tz. 24.14 BMF-Schreiben vom 25.3.1998, BStBl I 1998, 268 (=Umwandlungssteuererlass) zwei Möglichkeiten:

a) Bilanzierung zum Buchwert mit positiver Ergänzungsbilanz für K und negativen Ergänzungsbilanzen für X und Y.

b) Bilanzierung zum Teilwert mit negativen Ergänzungsbilanzen für X und Y.

Die Bilanzen sehen wie folgt aus:

Buchwertbilanzierung nach a)

neue OHG			
Aktiva		Passiva	
Anlagevermögen	150.000 €	Kapital X	75.000 €
		Kapital Y	75.000 €

Umlaufvermögen	25.000 €	Kapital K	75.000 €
Bank	105.000 €	Verbindlichkeiten	55.000 €
	280.000 €		280.000 €

K hat 30.000 € mehr bezahlt als sein Kapital in der OHG-Bilanz ausweist. Dieser Betrag ist in einer positiven Ergänzungsbilanz zu erfassen. Korrespondierend ist bei X und Y eine negative Ergänzungsbilanz zu erstellen („Spiegelbildmethode").

Ergänzungsbilanz K

Aktiva		Passiva	
Anlagevermögen	30.000 €	Kapital	30.000 €

Ergänzungsbilanz X und Y

Aktiva		Passiva	
Minderkapital	15.000 €	Anlagevermögen	15.000 €

Bei Lösung b) – **Teilwertbilanzierung** ohne Aufdeckung stiller Reserven – sehen die Bilanzen wie folgt aus:

neue OHG

Aktiva		Passiva	
Anlagevermögen	240.000 €	Kapital X	105.000 €
		Kapital Y	105.000 €
Umlaufvermögen	25.000 €	Kapital K	105.000 €
Bank	105.000 €	Verbindlichkeiten	55.000 €
	370.000 €		370.000 €

Ergänzungsbilanz X und Y			
Aktiva		Passiva	
Minderkapital	45.000 €	Anlagevermögen	45.000 €

Diese Bilanzierung bewirkt eine Verschiebung des Abschreibungsvolumens von X und Y auf K. Über den restlichen Abschreibungszeitraum versteuern die bisherigen Gesellschafter die stillen Reserven und K kann die anteilige Anschaffung im Wege der Abschreibung absetzen.

Übt die neue OHG das Wahlrecht in der Form aus, dass sie mit dem **gemeinen Wert** bilanziert, werden die gesamten stillen Reserven aufdeckt. Dies zum einen durch den tatsächlichen Verkauf, ferner durch die Fiktion des § 24 Abs. 3 Satz 1, wonach der Wert als Veräußerungspreis des Einbringenden anzusehen ist, mit dem die Personengesellschaft das eingebrachte Betriebsvermögen bilanziert.

neue OHG			
Aktiva		Passiva	
Anlagevermögen	240.000 €	Kapital X	105.000 €
		Kapital Y	105.000 €
Umlaufvermögen	25.000 €	Kapital K	105.000 €
Bank	105.000 €	Verbindlichkeiten	55.000 €
	370.000 €		370.000 €

X und Y verkaufen jeweils die Hälfte des Anlage- und Umlaufvermögens an K. Insoweit handelt es sich um einen „echten“ Veräußerungsgewinn, der tarifbegünstigt ist und für den ggf. der Veräußerungsfreibetrag nach § 16 Abs. 4 EStG beansprucht werden kann:

Anlagevermögen	150.000 €	½	75.000 €
Umlaufvermögen	25.000 €	½	12.500 €
Schulden	55.000 €	½	- 27.500 €
Summe			60.000 €
tatsächlicher Veräußerungspreis			105.000 €
Veräußerungsgewinn			45.000 €

Durch den Ansatz des gemeinen Werts in der neuen OHG werden auch die übrigen stillen Reserven von 45.000 € aufgedeckt.

Anlagevermögen	150.000 €	½	75.000 €
Teilwertansatz	240.000 €	½	120.000 €
stille Reserven = Gewinn			45.000 €

X und Y bringen ihr eigenes Vermögen in die Gesellschaft ein. Soweit auf der Seite des Veräußerers und des Erwerbers dieselben Personen Mitunternehmer sind, gilt der Gewinn nach § 24 Abs. 3 Satz 3 UmwStG in Verbindung mit § 16 Abs. 2 Satz 3 EStG als laufender Gewinn. Der Betrag von 45.000 € muss daher von X und Y ohne Steuervergünstigung versteuert werden.

Lösung 2. Alternative

Nehmen die bisherigen Gesellschafter K in die **bestehende** Gesellschaft auf, ist ebenso das Umwandlungssteuergesetz anwendbar. Der Weg hierhin führt über Tz. 24.01 c des Umwandlungssteuererlasses vom 25.3.1998. Danach ist eine Einbringung nach § 24 UmwStG möglich, durch Eintritt eines weiteren Gesellschafters in eine bestehende Personengesellschaft gegen Geldeinlage oder Einlage anderer Wirtschaftsgüter. Die bisherigen Gesellschafter bringen ihre Mitunternehmeranteile an der bisherigen Personengesellschaft in eine neue, durch den neu hinzutretenden Gesellschafter vergrößerte Personengesellschaft ein.

In diesem Fall treten die gleichen Rechtsfolgen hinsichtlich Aufdeckung stiller Reserven und der Bilanzierung wie bei der ersten Alternative ein.

Leitsatz 28

Eintritt in eine Personengesellschaft gegen Entgelt

Die Aufnahme eines weiteren Gesellschafters in eine Personengesellschaft wird genauso behandelt wie die Gründung einer neuen Gesellschaft mit den bisherigen Gesellschaftern und dem neu eintretenden Gesellschafter.
Die Altgesellschafter haben ein Wahlrecht nach § 24 Umwandlungssteuergesetz,

- den Buchwert,
- einen Zwischenwert oder
- den gemeinen Wert

anzusetzen.

Der Umfang einer Versteuerung richtet sich nach diesem Wertansatz.

Eintritt gegen Ausgleichszahlung in das Privatvermögen der Altgesellschafter

Fall 77

G und K haben bereits seit längerem eine logopädische Praxis. Sie haben sehr viel zu tun, so dass eine weitere Logopädin (L) in die Gesellschaft aufgenommen wird. Diese zahlt für den „Eintritt" jeweils 20.000 auf die Privatkonten von G und K.

Können die Vertragsparteien auch hier die Wahlrechte nach dem Umwandlungssteuergesetz ausüben?

Aufschluss hierüber gibt Tz. 24.09 Umwandlungssteuererlass vom 25.3.1998 nach dem bei Zuzahlung in das Privatvermögen eine Aufteilung erforderlich ist in einen Veräußerungsvorgang und einen unter § 24 UmwStG fallenden Einbringungsvorgang.

G und K veräußern einen Teils des Mitunternehmeranteils. Insoweit müssen stille Reserven aufgedeckt werden. Eine negative Ergänzungsbilanz zur Vermeidung der Versteuerung darf nicht gebildet werden.

Der nicht veräußerte Teil des Mitunternehmeranteils wird anschließend in die „neue" Gesellschaft eingebracht. Hierfür besteht das Wahlrecht nach dem Umwandlungssteuergesetz. Die Ausübung hat unterschiedliche Folgerungen:

Wird bei der Gesellschaft der **Buchwert** angesetzt, gehen die stillen Reserven der eingebrachten Wirtschaftsgüter insoweit auf die neue Gesellschaft **ohne** Versteuerung über. Der Gewinn aus dem Veräußerungsvorgang an die neue Logopädin ist laufender Gewinn (§ 16 Abs. 1 Satz 2 und § 18 Abs. 3 Satz 2 EStG). L hat zusätzliche Anschaffungskosten, die in einer positiven Ergänzungsbilanz erfasst und abgeschrieben werden.

Bei einem **Zwischenwert**ansatz hat die Gesellschaft nachträgliche Anschaffungskosten für die Wirtschaftsgüter des Betriebsvermögens. Den entstehenden Veräußerungsgewinn müssen G und K ohne Vergünstigung wie bei dem Buchwertansatz versteuern. Bei L ergeben sich ebenso die Rechtsfolgen wie bei dem Buchwertansatz.

Der Ansatz des **gemeinen Werts** führt zur vollständigen Aufdeckung der restlichen stillen Reserven. Grundsätzlich sind damit die Tarifvergünstigung des § 34 EStG und der Veräußerungsfreibetrag des § 16 Abs. 4 EStG für den Veräußerungs- **und** Einbringungsvorgang verbunden. G und K sind aber noch zu ⅔ an der „neuen" Gesellschaft beteiligt. Insoweit handelt es sich um laufenden Gewinn (§ 16 Abs. 2 Satz 3 EStG in Verbindung mit § 24 Abs. 2 Satz 3 UmwStG). Alle drei Gesellschafter schreiben die Wirtschaftsgüter von den neuen Anschaffungskosten ab.

Leitsatz 29

Eintritt in Personengesellschaft gegen Ausgleichszahlung in das Privatvermögen

Bei Eintritt eines Gesellschafters in eine Personengesellschaft mit Zuzahlung in das Privatvermögen ist eine getrennte Beurteilung erforderlich. Es handelt sich um

- einen **Veräußerungs**vorgang hinsichtlich eines Teil des Mitunternehmeranteils und
- einen unter § 24 UmwStG fallenden **Einbringungs**vorgang hinsichtlich des restlichen Teils des Mitunternehmeranteils

Die **Veräußerung** führt bei den Altgesellschaftern zu einem laufenden Gewinn, der neue Gesellschafter hat Anschaffungskosten, die er abschreibt.
Der **Einbringungsvorgang** erlaubt den Altgesellschaftern, das Wahlrecht zum Wertansatz nach dem Umwandlungssteuergesetz auszuüben. Je nach Ansatz, Buchwert – Zwischenwert – gemeiner Wert – haben diese einen zusätzlichen Veräußerungsgewinn mit weiteren Anschaffungskosten.

Eintritt mit Einzahlung in das Gesamthandsvermögen und anschließender Entnahme.

Fall 78

Wie Fall 77, jedoch zahlt L die 40.000 € auf das Konto der GbR ein. Nach einem Monat entnehmen G und K jeweils 20.000 €.

Können G und K das gesamte Betriebsvermögen zu Buchwerten in die GbR einbringen?

Tz. 24.12 des Umwandlungssteuererlasses vom 25.3.1998 beantwortet diese Frage:

Wird die Zuzahlung zunächst Betriebsvermögen der Personengesellschaft und wird sie später entnommen, kann es geboten sein, den Vorgang wie eine Zuzahlung in das Privatvermögen zu behandeln.

Die Durchleitung der Zahlung über die GbR kann nicht anders behandelt werden, als eine direkte Zahlung in das Privatvermögen.

Es treten damit die gleichen Rechtsfolgen wie im Fall 77 ein.

Leitsatz 30

Eintritt in Personengesellschaft mit Einzahlung in das Gesamthandsvermögen und anschließender Entnahme

Die Entnahme eines für den Eintritt eines Gesellschafter auf das Firmenkonto gezahlten Betrags führt dazu, dass der Vorgang insoweit wie eine Zuzahlung in das Privatvermögen behandelt wird. Entsprechend sind stille Reserven aufzulösen.

Eintritt mit Gegenbuchung auf dem Darlehenskonto

Fall 79

Im Fall 76 wird der Anteil des Krankengymnasten mit 55.000 € auf dem Kapitalkonto und 50.000 € auf dem Darlehenskonto verbucht. Fällt der Vorgang in vollem Umfang unter § 24 UmwStG?

Kernvoraussetzung des § 24 UmwStG ist, dass der Einbringende als Gegenleistung für die Einbringung Gesellschaftsrechte erwirbt. Die Verbuchung auf einem Darlehenskonto reicht nicht aus (Tz 24.08 Umwandlungssteuererlass vom 25.3.1998).

Seitens der Gesellschafter X und Y liegt in Höhe von 50.000 € eine entgeltliche Übertragung vor, die wie eine Zuzahlung in das Privatvermögen behandelt wird. Sie müssen die stillen Reserven anteilig realisieren. Es handelt sich um einen laufenden Gewinn.

Hinsichtlich des verbleibenden Mitunternehmeranteils bleibt X und Y das Wahlrecht nach § 24 UmwStG erhalten.

Leitsatz 31

Eintritt in Personengesellschaft mit Gegenbuchung auf dem Darlehnskonto

Wird der Gegenwert für die Einbringung in eine Personengesellschaft auf ein Darlehnskonto gebucht, sind insoweit keine Gesellschaftsrechte gewährt worden, so dass die Anwendung des § 24 UmwStG ausgeschlossen ist. Stille Reserven müssen versteuert werden.

Übersicht 13: Gründung und Eintritt (Einbringender)

Gründung einer Personengesellschaft und Eintritt in eine Personengesellschaft (Einbringung Betrieb, Teilbetrieb oder Mitunternehmeranteil in eine Personengesellschaft)

Einbringender

Art der Einbringung	Rechtsfolgen
Unentgeltlich	Buchwertfortführung, § 6 Abs. 3 EStG wenn alle funktional wesentlichen Wirtschaftsgüter übertragen werden oder als Sonderbetriebsvermögen der Gesellschaft überlassen werden.
Entgeltlich	
Gegenleistung Gesellschaftsrechte	Wahlrecht bei der Gesellschaft, ob Buchwert, gemeiner Wert oder Zwischenwert angesetzt wird, § 24 UmwStG
	Buchwert ➡ keine Aufdeckung stiller Reserven, ggf. Entnahmegewinn nicht wesentlicher Wirtschaftsgüter
	gemeiner Wert ➡ Aufdeckung sämtlicher stiller Reserven, Veräußerungsgewinn ermäßigter Steuersatz nach § 34 EStG und Freibetrag nach § 16 Abs. 4 EStG.

	Zwischenwert ➡ Aufdeckung stiller Reserven, Veräußerungsgewinn kein ermäßigter Steuersatz nach § 34 EStG und kein Freibetrag nach § 16 Abs. 4 EStG.
	zu gemeiner Wert und Zwischenwert: Soweit auf der Einbringungs- und Übernehmerseite dieselben Personen (Mit-)Unternehmer sind, handelt es sich um laufenden Gewinn (§ 24 Abs. 3 S. 3 UmwStG, § 16 Abs. 2 S. 3 EStG). Ein Veräußerungsgewinn, der unter das Halb-Teileinkünfteverfahren fällt (GmbH-Anteile, Wertpapiere) wird nicht mit dem ermäßigten Steuersatz besteuert (§ 24 Abs. 3 Satz 2 UmwStG).
Gegenleistung Gesellschaftsrechte mit Zuzahlung in Privatvermögen	Zerlegung in 1. in **Veräußerungs**vorgang hinsichtlich der Zuzahlung 2. in **Einbringungs**vorgang hinsichtlich Gewährung von Gesellschaftsrechten, § 24 UmwStG ist anzuwenden. Die Ausübung des Wahlrechts hat unterschiedliche Folgerungen Buchwertansatz: **Veräußerungs**gewinn ist laufender Gewinn, kein ermäßigter Steuersatz und Veräußerungsfreibetrag, Tz. 24.11 Umwandlungssteuererlass vom 25.3.1998 Ansatz gemeiner Wert: Aufdeckung sämtlicher stiller Reserven, ermäßigter Steuersatz, Veräußerungsfreibetrag für **Veräußerungs**vorgang **und Einbringungs**vorgang, Tz. 24.12a Umwandlungssteuererlass vom 25.3.1998
Gegenleistung Gewährung von Darlehen	Kein Fall des UmwStG, sondern stille Reserven müssen insoweit realisiert werden Tz. 24.08 Umwandlungssteuererlass vom 25.3.1998.

Übersicht 14: Gründung und Eintritt (übernehmende Personengesellschaft)

Gründung einer Personengesellschaft und Eintritt in eine Personengesellschaft (Einbringung Betrieb, Teilbetrieb oder Mitunternehmeranteil in eine Personengesellschaft)

übernehmende Personengesellschaft

Vorgang	
unentgeltlich	Buchwertfortführung, § 6 Abs. 3 EStG wenn alle funktional wesentlichen Wirtschaftsgüter übertragen werden oder als Sonderbetriebsvermögen der Gesellschaft überlassen werden.
entgeltlich	
Gegenleistung Gesellschaftsrechte	Wahlrecht der Gesellschaft, ob Buchwert, gemeiner Wert oder Zwischenwert angesetzt wird, § 24 UmwStG
	Buchwert ➡ Personengesellschaft tritt in Rechtsstellung des Einbringenden, d.h. Fortführung der Abschreibung und Bewertung der übernommenen Wirtschaftsgüter, Anrechnung von steuerliche Fristen, z.B. Investitionszeiträume (Besitzzeitanrechnung), Tz. 22.05 - 22.07 Umwandlungssteuererlass vom 25.3.1998
	gemeiner Wert ➡ Anschaffungskosten für eingebrachte Wirtschaftsgüter, neue Abschreibung Tz. 22.11 - 22.15 Umwandlungssteuererlass vom 25.3.1998
	Zwischenwert ➡ „modifizierte" Rechtsnachfolge, d.h. Anschaffungskosten der Wirtschaftsgüter werden um die aufgedeckten stillen Reserven aufgestockt, ggf. ist ein Firmenwert anzusetzen. Keine Besitzzeitanrechnung Tz. 22.08 - 22.10 Umwandlungssteuererlass vom 25.3.1998

Gegenleistung Gesellschaftsrechte mit Zuzahlung in Privatvermögen	Zerlegung in - in **Veräußerungs**vorgang hinsichtlich der Zuzahlung - in **Einbringungs**vorgang hinsichtlich Gewährung von Gesellschaftsrechten, § 24 UmwStG ist anzuwenden. Die Ausübung des Wahlrechts hat unterschiedliche Folgerungen - Buchwertansatz: Anschaffungskosten nur hinsichtlich des **Veräußerungs**vorgangs - Ansatz gemeiner Wert: Aufdeckung sämtlicher stiller Reserven, Anschaffungskosten für **Veräußerungs**vorgang **und Einbringungs**vorgang, Tz. 24.11 und 24.12a Umwandlungssteuererlass vom 25.3.1998
Gegenleistung Gewährung von Darlehen	Kein Fall des UmwStG, sondern stille Reserven müssen insoweit realisiert werden Tz. 24.08 des Umwandlungssteuererlass vom 25.3.1998

Ausscheiden eines Gesellschafters

Ausscheiden zum Buchwert

Fall 80

A, B und C haben vor einem halben Jahr eine Baugesellschaft in der Rechtsform einer GbR gegründet. C orientiert sich anderweitig, so dass alle drei Gesellschafter übereinkommen, dass die Gesellschaft nur mit A und B weitergeführt wird.

Vor dem Ausscheiden von C sieht die Bilanz wie folgt aus:

Aktiva		Passiva	
Anlagevermögen	120.000 €	Kapital A	50.000 €
Umlaufvermögen	30.000 €	Kapital B	50.000 €
Bank	30.000 €	Kapital C	50.000 €

		Verbindlichkeiten	30.000 €
	180.000 €		180.000 €

C erhält 50.000 € von der GbR.

Muss C diesen Betrag versteuern und welche Folgerungen ergeben sich bei den verbleibenden Gesellschaftern?

C erhält eine Abfindung in Höhe seines Kapitalkontos. Die Abfindungszahlung ist der Veräußerungspreis, dem die Buchwerte der Wirtschaftsgüter gegenüber zu stellen sind. Das Ergebnis ist der Veräußerungsgewinn nach §16 Abs. 2 Satz 1 EStG.

Wirtschaftsgüter		1/3 Anteil C
Anlagevermögen	120.000 €	40.000 €
Umlaufvermögen	30.000 €	10.000 €
Summe	150.000 €	50.000 €
Abfindung		50.000 €
Veräußerungserlös		0 €

C hat keinen Veräußerungsgewinn zu versteuern.

A und B erwerben jeweils zur Hälfte die Anteile von C. Diese bleiben Gesamthandsvermögen. Insoweit haben sie weitere Anschaffungskosten, die den Buchwerten entsprechen. Stille Reserven werden nicht aufgedeckt, so dass die bisherigen Buchwerte und Abschreibungen unverändert fortgeführt werden.

Leitsatz 32

Ausscheiden zum Buchwert

Scheidet ein Gesellschafter zum Buchwert seines Kapitalkontos aus der Gesellschaft aus, entsteht kein Veräußerungsgewinn.

Ausscheiden über Buchwert

Fall 81

Wie Fall 80, jedoch erhält C 68.000 € von der Gesellschaft. Diese werden mit 30.000 € sofort ausgezahlt, der Restbetrag von 38.000 € ist später fällig. Im Anlagevermögen sind 45.000 € stille Reserven. Der Firmenwert beträgt 9.000 €.

Führt der Veräußerungserlös zu einer Steuerpflicht bei C? Wie behandeln A und B die Auszahlung der 68.000 €?

Die Rechtsfindung geht auch in diesem Fall über § 16 EStG. Hingewiesen sei auf die Rechtsgrundlage im Fall 80.

C veräußert seinen Mitunternehmeranteil an A und B, so dass er Einkünfte aus Gewerbebetrieb erzielt. Die Berechnung des Veräußerungsgewinns kann vereinfacht wie folgt vorgenommen werden:

Kapitalkonto	50.000 €
Veräußerungspreis	68.000 €
Veräußerungsgewinn	18.000 €

Der Veräußerungsgewinn unterliegt dem ermäßigten Steuersatz (§ 34 EStG) und C kann ggf. den Veräußerungsfreibetrag nach § 16 Abs. 4 EStG beantragen.

Mit der Zahlung der 68.000 € erwerben A und B die anteiligen Wirtschaftsgüter von C. Hierfür sowie für den anteiligen Firmenwert haben sie weitere Anschaffungskosten.

Die Bilanz hat folgende Werte:

Aktiva			Passiva	
Firmenwert			Kapital A	50.000 €
bisher	0 €		Kapital B	50.000 €
Zugang 9.000 € × 1/3	3.000 €	3.000 €	Verbindlich-keiten	30.000 €
Anlagevermö-gen			Verbindlich-keiten gegen-über C	38.000 €
bisher	120.000 €			
aufgedeckte stille Reserven 45.000 € × 1/3	15.000 €	135.000 €		
Umlaufver-mögen		30.000 €		
		168.000 €		168.000 €

Der Firmenwert ist nach § 7 Abs. 1 Satz 3 EStG auf 15 Jahre zu verteilen. Zusätzliche Anschaffungskosten, die auf den Grund und Boden entfallen, erhöhen nur den Bilanzwert. Eine Gewinnauswirkung entsteht erst bei Verkauf oder Entnahme des Gründstücks. Die übrigen Anschaffungskosten erhöhen die Bemessungsgrundlage und das Volumen für die Abschreibung. Soweit ein Anteil auf Gebäude entfällt, kann für den hinzu erworbenen Anteil möglicherweise ein anderer Abschreibungssatz anzusetzen sein, da der Anschaffungszeitpunkt später liegt. Für die übrigen Wirtschaftsgüter sind die nachträglichen Anschaffungskosten auf die Restnutzungsdauer zu verteilen.

Leitsatz 33

Ausscheiden über Buchwert

Erhält der Gesellschafter eine höhere Abfindung als sein Kapitalkonto, entsteht insoweit ein Veräußerungsgewinn.

Ausscheiden unter Buchwert

Fall 82

wie Fall 80, jedoch erhält C nur 30.000 € von der Gesellschaft.

Wie wird bei C der Unterschiedsbetrag zum Kapitalkonto erfasst? Welche Auswirkungen ergeben sich bei A und B?

Zur Rechtslage bei C sei verwiesen auf den Gesetzestext zu Fall 80.

Die Besonderheit hier ist aber, dass ein Ergebnis mit umgekehrten Vorzeichen entsteht:

Veräußerungserlös	30.000 €
Kapitalkonto	50.000 €
Veräußerungsverlust	20.000 €

Bei C ergibt sich damit ein steuermindernder Verlust von 20.000 €.

Die steuerliche Behandlung bei A und B ergibt sich aus dem BFH-Urteil vom 12.12.1996, IV R 77/93, BStBl II 1998, 180. Scheidet ein Gesellschafter gegen eine sein Kapitalkonto nicht erreichende Abfindung aus, so sind in der Steuerbilanz der Gesellschaft in Höhe des Differenzbetrags Abstockungen auf die Buchwerte der bilanzierten Wirtschaftsgüter vorzunehmen.

A und B müssen die Wertansätze für die von C übernommenen Wirtschaftsgüter korrigieren. Die Abfindung mir einem unter dem Kapitalkonto liegenden Betrag lässt darauf schließen, dass das Betriebsvermögen bisher überbewertet war. Der Bilanzwert des Betriebsvermögens ist um 20.000 € abzustocken. Die Buchung lautet wie folgt:

Kapital C	50.000 €	an	Bank	30.000 €
			Anlagevermögen	20.000 €

Die Abschreibung ist von den geringeren Anschaffungskosten vorzunehmen.

Leitsatz 34

Ausscheiden unter Buchwert

Erhält der Gesellschafter eine geringere Abfindung als sein Kapitalkonto, entsteht insoweit ein Veräußerungsverlust. Die verbleibenden Gesellschafter mindern die Buchwerte der bisherigen Wirtschaftsgüter.

Ausscheiden gegen Sachwertabfindung

Beim Ausscheiden gegen Sachwertabfindung ist zu unterscheiden zwischen der Übernahme in das Privatvermögen und der Übernahme in das Betriebsvermögen des Ausscheidenden

a) Übernahme in das Privatvermögen des Ausscheidenden

Fall 83

Sachverhalt wie im Fall 80, statt Geld bekommt C ein unbebautes Betriebsgrundstück, welches er anschließend mit einem privaten Wohnhaus bebaut. Der Buchwert beträgt 50.000 €, der Verkehrswert 90.000 €. Ein Firmenwert ist nicht vorhanden.

Entsteht bei C ein Veräußerungsgewinn und wie ist die Übertagung des Grundstück durch A und B zu behandeln?

Es sind zwei steuerliche Vorgänge zur beurteilen:

- zum einen – wie bei der Barabfindung auch – die Veräußerung des Mitunternehmeranteils von C gegen Entstehung eines Abfindungsanspruchs und
- zum zweiten die Veräußerung des Grundstücks von A und B aus dem Gesamthandsvermögen an den ausgeschiedenen Gesellschafter in Erfüllung des Abfindungsanspruchs

Zur Rechtlichen Beurteilung des ersten Vorgangs ist auf die Vorschrift des § 16 EStG hinzuweisen, s. Fall 80. C erhält für das Ausscheiden aus der Gesellschaft einen Gegenwert, der höher ist als sein Kapitalkonto. Daher entsteht ein Veräußerungsgewinn:

Veräußerungserlös	90.000 €
Kapitalkonto	50.000 €
Veräußerungsgewinn	40.000 €

A und B haben zusätzlich Anschaffungskosten, die anteilig auf die Wirtschaftsgüter des Betriebsvermögen zu verteilen sind, in denen stille Reserven stecken. Die Aufstockung ist wie folgt vorzunehmen:

Buchwerte			stille Reserven	neue Bilanzwerte
Grundstück	50.000 €	41,67 %	16.668 €	66.668 €
übriges Anlagevermögen	70.000 €	58,33 %	23.332 €	93.332 €
	120.000 €	100,00 %	40.000 €	160.000 €

Die Veräußerung des Grundstücks von A und B ist mit dem Verkehrswert anzusetzen, da in dieser Höhe der Abfindungsanspruch von C ausgeglichen wurde. Es ergibt sich daher ein weiterer Gewinn:

Verkehrswert Grundstück = Veräußerungserlös	90.000 €
aufgestockter Buchwert	66.668 €
Gewinn	23.332 €

Insoweit handelt es sich um einen laufenden Geschäftsvorfall. Die verbleibenden Gesellschafter A und B erzielen einen laufenden, nicht begünstigten Gewinn.

Leitsatz 35

Ausscheiden mit Sachwertabfindung in Privatvermögen

Erhält der ausscheidende Gesellschafter eine Sachwertabfindung, ist der Verkehrswert abzüglich Kapitalkonto der Veräußerungsgewinn. Die verbleibenden Gesellschafter erzielen einen laufenden Gewinn durch die Veräußerung dieses Sachwerts.

b) Übernahme in das Betriebsvermögen des Ausscheidenden

Fall 84

Wie Fall 83, jedoch wird das Grundstück für betriebliche Zwecke des Einzelunternehmens von C genutzt (Lagerplatz).

Muss C einen Veräußerungsgewinn versteuern und haben A und B weitere Anschaffungskosten?

Die Lösung dieser Frage verbirgt sich in § 6 Abs. 5 S. 3 Nr. 1 EStG:

Soweit ein Wirtschaftsgut gegen Minderung von Gesellschaftsrechten aus dem Gesamthandsvermögen einer Mitunternehmerschaft in das Betriebsvermögen eines Mitunternehmers übertragen wird, ist zwingend der Buchwert anzusetzen. (vgl. auch BMF-Schreiben vom 28.2.2006, IV B 2 - S 2242 - 6/06, BStBl I 2006, S. 228 zu II).

Die Beteiligungsquote von C mindert sich auf 0 €. Als Gegenleistung für die Minderung der Gesellschaftsrechte erhält er ein Grundstück, welches weiterhin Betriebsvermögen bleibt. Die Sachwertabfindung geht ohne Aufdeckung stiller Reserven zum Buchwert aus dem Gesamthandsvermögen in das Betriebsvermögen des Einzelunternehmens von C über.

A und B führen die bisherigen Buchwerte fort. Der von C übernommene Teil der verbleibenden Wirtschaftsgüter wird mit den bisherigen Beträgen abgeschrieben. Weitere Anschaffungskosten sind mangels Aufdeckung stiller Reserven nicht vorhanden.

Leitsatz 36

Ausscheiden mit Sachwertabfindung in Betriebsvermögen

Erhält der ausscheidende Gesellschafter eine Sachwertabfindung, die er weiterhin in einem Betriebsvermögen nutzt, bleibt es bei dem Buchwertansatz für alle Beteiligten.

Abfindung an „lästigen" Gesellschafter

Fall 85

Wie Fall 80 mit der Abwandlung, dass C seine Pflichten als Gesellschafter in erheblichem Maß verletzt hat und er dadurch aus der Gesellschaft ausscheidet. Um langwierige Zivilprozesse zu vermeiden und C zum vorzeitigen Ausscheiden zu bewegen, sind A und B bereit, 85.000 € zu zahlen. Die stillen Reserven im Betrieb betragen 45.000 €, der Firmenwert liegt bei 15.000 €. Wie versteuert C den Betrag von 85.000 € und welche Auswirkungen ergeben sich bei A und B?

Zahlungen an einen ausscheidenden Gesellschafter, die höher sind als die anteiligen stillen Reserven und der Firmenwert gehören zum Veräußerungsgewinn.

C muss folgenden Veräußerungsgewinn versteuern:

Kapitalkonto	50.000 €
Veräußerungspreis	85.000 €
Veräußerungsgewinn	35.000 €

Bei A und B ist auf den Inhalt des BFH-Urteils vom 05.10.1989, IV R 107/88, BFH/NV 1990, 496 hinzuweisen:

Die Erwerber müssen den Betrag, der über das Kapitalkontos hinausgeht, als Anschaffungskosten für die Anteile an entsprechenden Wirtschaftsgütern des Gesellschaftsvermögens einschließlich Firmenwert aktivieren. Wenn stille Reserven und/oder ein Geschäftswert nicht festzustellen sind und außerbetriebliche Gründe für die Mehrleistung auszuschließen sind, ist die Mehrleistung eine sofort abziehbare Betriebsausgabe.

A und B erwerben die Wirtschaftsgüter des Anlagevermögens zu 1/3 und decken somit 1/3 der stillen Reserven = 15.000 € auf. Ebenso erwerben sie 1/3 Anteil am Firmenwert = 5.000 €. Diese Beträge sind zusätzlich zu den bisherigen Buchwerten zu aktivieren.

Die darüber hinausgehende Zahlung ist sofort abziehbare Betriebsausgabe.

Firmenwert	5.000 €
Buchwerte Anlagevermögen 1/3	40.000 €
stille Reserven	15.000 €
Summe	60.000 €
tatsächliche Abfindung	85.000 €
sofort abziehbare Betriebsausgabe	25.000 €

Leitsatz 37

Ausscheiden mit Abfindung an lästigen Gesellschafter

Der „lästige“ Gesellschafter erzielt einen Veräußerungsgewinn, soweit die Zahlung über seinem Kapitalkonto liegt. Die verbleibenden Gesellschafter stocken die anteiligen Buchwerte des Anlagevermögens auf, soweit darin stille Reserven enthalten sind, der darüber hinaus gezahlte Betrag ist sofort abziehbare Betriebsausgabe.

Ausscheiden bei negativem Kapitalkonto

Fall 86

Die Bilanz der Gesellschaft hat folgende Werte.

Aktiva		Passiva	
Anlagevermögen	120.000 €	Verbindlichkeiten	330.000 €
Umlaufvermögen	30.000 €		
Bank	30.000 €		
Kapital A	50.000 €		
Kapital B	50.000 €		
Kapital C	50.000 €		
	330.000 €		330.000 €

Die stillen Reserven des Anlagevermögens betragen 150.000 €.

C scheidet aus der Gesellschaft aus, ohne dass er eine Zahlung erhält.

Erzielt C eine Veräußerungsgewinn? Welche Beträge sind bei A und B zu erfassen?

Zivilrechtlich wäre ein Gesellschafter verpflichtet, ein negatives Kapitalkonto auszugleichen. Vereinbaren die Gesellschafter, dass das negative Kapitalkonto nicht auszugleichen ist und verfügt die Gesellschaft über stille Reserven, ist anzunehmen, dass der Abfindungsanspruch des Ausscheidenden mit dem Ausgleichsanspruch der verbleibenden Gesellschafter verrechnet wird. Dieser gesellschafts-/zivilrechtliche Verzicht führt steuerlich zu einem Veräußerungsgewinn.

Die Berechnung für C lautet:

Veräußerungserlös	0 €
Kapitalkonto	–50.000 €
Veräußerungs**gewinn**	50.000 €

Bei A und B trifft das BFH-Urteil vom 30.03.1993, VIII R 63/91, BStBl II 1993, 706, den Sachverhalt: „zu den zu erfassenden Anschaffungskosten gehört auch die Übernahme des negativen Kapitalkontos des ausscheidenden Gesellschafters".

Die Buchung lautet:

Anlagevermögen	50.000 €	an	Kapital C	50.000 €

Fall 87

Wie **Fall 86**, es sind aber keine stillen Reserven im Betrieb vorhanden.

Hat C auch in diesem Fall einen Veräußerungsgewinn? Wie setzen A und B die übernommenen Wirtschaftsgüter an?

C erzielt wie im **Fall 86** einen Veräußerungsgewinn von 50.000 €.

Die Frage zu A und B kann mit dem BFH-Urteil vom 14.06.1994, VIII R 37/93, BStBl II 1995, 246 beantwortet werden:

Scheidet ein Gesellschafter ohne Übernahme seines negativen Kapitalkontos aus, steht fest, dass er sein negatives Kapitalkonto nicht mehr auffüllen wird. Die Verluste sind somit von den übrigen Altgesellschaftern zu tragen. Sie sind ihnen deshalb im Zeitpunkt des Ausscheidens des Gesellschafters auch mit steuerrechtlicher Wirkung zuzuweisen.

Verbucht wird wie folgt:

außerordentlicher Aufwand	50.000 €	an	Kapital C	50.000 €

Eine Aktivierung ist nicht möglich, da A und B weder ein immaterielles (Firmenwert) noch ein materielles Wirtschaftsgut erworben haben.

Leitsatz 38

Ausscheiden bei negativem Kapitalkonto

Scheidet ein Gesellschafter aus, ohne sein negatives Kapitalkonto auszugleichen, erzielt er insoweit einen Veräußerungsgewinn. Die Verlustübernahme durch die bisherigen Gesellschafter führt bei diesen zu zusätzlichen Anschaffungskosten oder – wenn keine stille Reserven vorhanden sind – zu sofortigen Betriebsausgaben.

Übersicht 15: Ausscheiden von Gesellschaftern

	Ausscheiden ...	**steuerliche Folgerungen**	
		Ausscheidender Gesellschafter	verbleibende Gesellschafter
1.	zum Buchwert	kein Veräußerungsgewinn	Buchwertübernahme
2.	über Buchwert	Veräußerungsgewinn = tatsächlich erhaltene Zahlung abzüglich Kapitalkonto	weitere Anschaffungskosten für Firmenwert und anteilige Wirtschaftsgüter, höhere Abschreibung
3.	unter Buchwert	Veräußerungsverlust = tatsächlich erhaltene Zahlung abzüglich Kapitalkonto	Abstockung der Buchwerte übernommene Wirtschaftsgüter
4.	gegen Sachabfindung, Übernahme in Privatvermögen	Veräußerungsgewinn = Wert der Sachabfindung abzüglich Kapitalkonto	1. weitere Anschaffungskosten für Firmenwert und anteilige Wirtschaftsgüter, höhere Abschreibung 2. laufender Gewinn aus Veräußerung des Sachwerts, Differenzbetrag zwischen aufgestockten Buchwerten und Verkehrswert.

→

5.	gegen Sachabfindung, Übernahme in Betriebsvermögen	Buchwertfortführung im Betrieb, in den das Wirtschaftsgut überführt wurde.	Buchwertfortführung da keine stillen Reserven aufgedeckt.
6.	mit Abfindung an „lästigen" Gesellschafter	Veräußerungsgewinn = tatsächlich erhaltene Zahlung abzüglich Kapitalkonto	weitere Anschaffungskosten für Firmenwert und anteilige Wirtschaftsgüter, höhere Abschreibung Verlust aus Differenzbetrag zwischen aufgestockten Buchwerten und gezahltem Betrag.
7.	bei negativem Kapitalkonto	Veräußerungsgewinn in Höhe des negativen Kapitalkontos	wenn stille Reserven vorhanden sind: weitere Anschaffungskosten für Firmenwert und anteilige Wirtschaftsgüter ohne stille Reserven: Verlust in Höhe des negativen Kapitalkontos

Gesellschafterwechsel

Bei einem Gesellschafterwechsel entsteht keine neue Personengesellschaft. Die Anteile an den Wirtschaftsgütern des Gesamthandsvermögens gehen **unmittelbar** von dem bisherigen Gesellschafter auf den neu eintretenden Gesellschafter über.

Veräußerung zum Buchwert

Fall 88

A, B und C haben eine Kfz-Werkstatt. Die Bilanz der Gesellschaft sieht wie folgt aus:

Aktiva		Passiva	
Anlagevermögen	120.000 €	Kapital A	72.500 €
Umlaufvermögen	40.000 €	Kapital B	36.250 €
Bank	20.000 €	Kapital C	36.250 €
		Verbindlichkeiten	35.000 €
	180.000 €		180.000 €

A will aus Altersgründen aus der GbR aussteigen. Er verkauft seinen Anteil an den Neffen (N) für 72.500 €.

Wie erfasst A die Zahlung der 72.500 €?

Welchen Wert nimmt N für die Bilanzierung?

Bestehen Auswirkungen für B und C?

Die Fragen lassen sich über § 16 Abs. 1 Nr. 2 EStG beantworten:

Zu den Einkünften aus Gewerbebetrieb gehören auch Gewinne, die erzielt werden bei der Veräußerung des gesamten Anteils eines Gesellschafters, der als Unternehmer (Mitunternehmer) des Betriebs anzusehen ist.

Ferner sei auf Abs. 2 verwiesen:

Veräußerungsgewinn im Sinne des Absatzes 1 ist der Betrag, um den der Veräußerungspreis nach Abzug der Veräußerungskosten den Wert des Betriebsvermögens übersteigt.

A veräußert den Mitunternehmeranteil in Höhe seines Kapitalkontos. Stille Reserven werden nicht aufgedeckt. Er erzielt damit keinen Veräußerungsgewinn.

Die Beteiligung von N wird durch eine einfache Umbuchung des Kapitalkontos von A auf N erfasst. Der Vorgang ist gewinnneutral. Eine Ergänzungsbilanz ist nicht erforderlich.

Bei B und C ist die gesellschaftsrechtliche Stellung unverändert, so das deren Anteile wie bisher bilanziert werden.

Leitsatz 39

Gesellschafterwechsel zum Buchwert

Ein Gesellschafterwechsel zum Buchwert hat weder für den ausscheidenden noch eintretenden Gesellschafter eine Gewinnauswirkung. Die bisherigen Buchwerte werden unverändert fortgeführt.

Veräußerung über Buchwert

Fall 89

Wie Fall 88, der Neffe zahlt aber 92.500 € an seinen Onkel. Die stillen Reserven betragen 30.000 €, der Firmenwert 10.000 €.

Wie hoch ist der Veräußerungsgewinn von A? Mit welchen Beträgen bilanziert N?

Die Rechtslage ergibt sich aus der Gesetzeszitierung im Fall 88.

Ferner ist auf das BFH-Urteil vom 18.02.1993, IV R 40/92, BStBl II 1994, 224 hinzuweisen: „beim entgeltlichen Erwerb eines Mitunternehmeranteils an einer Personengesellschaft kommt die Aktivierung der Aufwendungen des Erwerbers in einer steuerlichen Ergänzungsbilanz in Betracht, soweit mit den Aufwendungen (ideelle) Anteile an Vermögensgegenständen erworben werden".

A erzielt einen Veräußerungsgewinn, der ermäßigt besteuert wird (§ 34 EStG) und für den er ggf. den Veräußerungsfreibetrag (§ 16 Abs. 4 EStG) erhält.

Veräußerungserlös	92.500 €
Kapitalkonto	72.500 €
Veräußerungs**gewinn**	20.000 €

Die für N zu erstellende positive Ergänzungsbilanz enthält anteilig den Firmenwert und die stillen Reserven.

Aktiva		Passiva	
Firmenwert		Kapital N	20.000 €
Zugang 10.000 € × 50 %	5.000 €		
Anlagevermögen			
Zugang 30.000 € × 50 %	15.000 €		
Summe	20.000 €		20.000 €

Die Gesellschaftsbilanz bleibt unverändert, lediglich das Kapitalkonto wird von A auf N umgeschrieben.

Leitsatz 40

Gesellschafterwechsel über Buchwert

Bei einem Gesellschafterwechsel über Buchwert hat der ausscheidende Gesellschafter einen Veräußerungsgewinn, der ermäßigt besteuert wird. Der neu eintretende Gesellschafter hat zusätzliche Anschaffungskosten, die er in einer positiven Ergänzungsbilanz abschreibt.

Veräußerung unter Buchwert

Fall 90

wie Fall 88, die Abwandlung besteht darin, dass der Neffe aus betrieblichen Gründen nur 62.500 € zahlt.

Wie wird bei A der Unterschiedsbetrag zum Kapitalkonto behandelt?

Mit welchen Werten bilanziert N?

Zur Ermittlung des Veräußerungsergebnisses sei auf die Rechtsgrundlagen § 16 Abs. 2 EStG im **Fall 88** hingewiesen. Die bilanzielle Handhabung ergibt sich aus dem BFH-Urteil vom 21.04.1994, IV R 70/92, BStBl II 1994, 745:

... in einer Ergänzungsbilanz des Erwerbers sind im Umfang seiner Gewinnbeteiligung Abstockungen auf die Buchwerte der Wirtschaftsgüter der Gesellschaft vorzunehmen ...

A hat durch den Gesellschafterwechsel folgendes Ergebnis:

Veräußerungserlös	62.500 €
Kapitalkonto	72.500 €
Veräußerungs**verlust**	10.000 €

N erstellt eine negative Ergänzungsbilanz, in der die Buchwerte abgestockt sind.

Aktiva		Passiva	
Minderkapital	10.000 €	Anlagevermögen	10.000 €

Diese Ergänzungsbilanz führt zu einer negativen Abschreibung, d.h. entsprechend dem Verbrauch der Wirtschaftsgüter wird die Abstockung erfolgserhöhend aufgelöst.

In der Gesamthandsbilanz wird das Kapitalkonto von A auf N mit dem bisherigen Wert umgebucht.

Leitsatz 41

Gesellschafterwechsel unter Buchwert

Zahlt der neue Gesellschafter weniger als der Buchwert des Kapitalkontos beträgt, entsteht bei dem Ausscheidenden ein Veräußerungsverlust. Der Erwerber erstellt eine negative Ergänzungsbilanz, in der die Wirtschaftsgüter des Anlagevermögens abgestockt werden. Eine Gewinnrealisierung tritt in den Folgejahren durch eine Minderung der Abschreibung ein.

Übersicht 16: Gesellschafterwechsel

Ausscheiden ...	steuerliche Folgerungen	
	Ausscheidender Gesellschafter	Neuer Gesellschafter
zum Buchwert	kein Veräußerungsgewinn	Buchwertübernahme
über Buchwert	Veräußerungsgewinn = tatsächlich erhaltene Zahlung abzüglich Kapitalkonto	weitere Anschaffungskosten für Firmenwert und anteilige Wirtschaftsgüter, höhere Abschreibung durch positive Ergänzungsbilanz
unter Buchwert	Veräußerungsverlust = tatsächlich erhaltene Zahlung abzüglich Kapitalkonto	Abstockung der Buchwerte in einer negativen Ergänzungsbilanz, Minderung der Abschreibung

Ausscheiden von Gesellschaftern und Gesellschafterwechsel bei Sonderbetriebsvermögen

Hier sind drei Fälle zu betrachten:

- Sonderbetriebsvermögen ist nicht funktional wesentliche Betriebsgrundlage
- Unentgeltliche Übertragung bei funktional wesentlichem Sonderbetriebsvermögen
- Entgeltliche Übertragung bei funktional wesentlichem Sonderbetriebsvermögen

a) Sonderbetriebsvermögen ist nicht funktional wesentliche Betriebsgrundlage

Fall 91

Die OHG besteht aus drei Gesellschaftern. Zum 31.12. des Jahres schenkt A seinen Mitunternehmeranteil an seine Tochter. Im Sonderbetriebsvermögen befindet sich ein PKW, den A nur noch privat nutzt.

Welche Beurteilung ergibt sich für das Gesamthandsvermögen und das Sonderbetriebsvermögen?

Die Übertragung des Mitunternehmeranteils muss nach § 6 Abs. 3 Satz 1 EStG zum Buchwert erfolgen. Die Verwendung von **un**wesentlichem Sonderbetriebsvermögen – als Entnahme oder Übertragung zum Buchwert in eine anderes Betriebsvermögen – ist unschädlich. Durch die Entnahme entsteht ein laufender Gewinn (BFH-Urteil vom 29.10.1987, IV R 93/85, BStBl II 1988, 374).

Fall 92

A veräußert seinen Mitunternehmeranteil an der OHG an einen fremden Dritten, Veräußerungsgewinn 200.000 €. Der PKW wird nicht veräußert, A nutzt diesen für private Zwecke.

Liegt eine steuerlich begünstigte Veräußerung vor?

Die Frage ist über § 16 Abs. 1 Satz 1 Nr. 2 EStG zu klären, wonach zu den Einkünften aus Gewerbebetrieb auch der Veräußerungsgewinn aus dem **gesamten** Mitunternehmeranteil gehört.

Ferner verweist H 16 Abs. 1 EStH unter Stichwort „zurückbehaltene Wirtschaftsgüter" darauf hin, dass eine Betriebsveräußerung im Ganzen nicht ausgeschlossen wird, wenn Wirtschaftsgüter, die nicht zu den wesentlichen Betriebsgrundlagen gehören, zurückbehalten werden.

A erzielt daher einen begünstigten Gewinn, der nach § 34 EStG ermäßigt besteuert wird und für den er ggf. den Veräußerungsfreibetrag nach § 16 Abs. 4 EStG erhalten kann. Zum Veräußerungsgewinn gehören

- der Veräußerungspreis aus dem Verkauf des Mitunternehmeranteils und
- der durch die Entnahme entstandene Aufgabegewinn des PKW, da dieser zeitgleich mit der Veräußerung entstanden ist.

Fall 93

Wie Fall 92, jedoch überführt A den PKW in das Betriebsvermögen seines Einzelunternehmens.

Ist die Veräußerung steuerbegünstigt und wie ist der PKW zu behandeln?

Der PKW muss nach § 6 Abs. 5 S. 2 EStG zum Buchwert in das Einzelnunternehmen überführt werden. Stille Reserven werden nicht aufgedeckt. Die Veräußerung ist dennoch nach §§ 16, 34 EStG steuerbegünstigt.

Leitsatz 42

Sonderbetriebsvermögen keine wesentliche Grundlage

Die Verwendung von Wirtschaftsgütern des Sonderbetriebsvermögens, die nicht zu den funktional wesentlichen Betriebsgrundlagen gehören, haben auf die Steuerbegünstigung des Aufgabe-/Veräußerungsgewinns keine **negativen** Auswirkungen.

b) Unentgeltliche Übertragung bei funktional wesentlichem Sonderbetriebsvermögen

Fall 94

Der Seniorgesellschafter V überträgt seinen Gesellschaftsanteil an der GmbH & Co. KG an die Kinder. Die Anteile an der Komplementär-GmbH aus dem Sonderbetriebsvermögen werden ebenso unentgeltlich übertragen.

Kostet dieser Übertragungsvorgang Steuern?

Die Beantwortung dieser Frage ergibt sich aus § 6 Abs. 3 EStG. Alle Wirtschaftsgüter des Gesamthandsvermögens und des funktional wesentlichen Sonderbetriebsvermögens werden übertragen. Damit ist zwingend der Buchwert anzusetzen.

Fall 95

V überträgt seinen Anteil an der GmbH & Co. KG an die Kinder. Eine Produktionshalle, die bisher Sonderbetriebsvermögen war, wird weiterhin an die Gesellschaft vermietet.

Ist eine Buchwertfortführung für den Mitunternehmeranteil möglich? Wie wird die Produktionshalle steuerlich erfasst?

Hier sieht es schlecht aus für V. Die Produktionshalle kann nicht mehr zum Sonderbetriebsvermögen gehören, da V nicht mehr Mitunternehmer ist. Diese wird Privatvermögen. Die Übertragung des Mitunternehmeranteils führt dazu, dass insgesamt eine tarifbegünstigte Aufgabe eines Mitunternehmeranteil anzunehmen ist. Im Ergebnis sind die stillen Reserven des Gesamthandsvermögens **und** Sonderbetriebsvermögens aufzudecken (BFH-Urteil vom 31.8.1995, VIII B 21/93, BStBl II 1995, 890).

Fall 96

Wie Fall 95, jedoch veräußert V die Produktionshalle an einen fremden Dritten.

Erlaubt dieser Vorgang eine Buchwertfortführung für den Mitunternehmeranteil?

Auch dieser Sachverhalt ist für V mit einer Steuerbelastung verbunden. Der Verkauf führt dazu, dass der Unterschiedsbetrag zwischen Buchwert und Veräußerungspreis zum Veräußerungsgewinn gehört. Hinsichtlich des Mitunternehmeranteils ist der Unterschiedsbetrag zwischen Buchwert und gemeinem Wert der Aufgabegewinn. Der Gesamtgewinn ist nach §§ 16, 34 EStG tarifbegünstigt.

Fall 97

Neben der Schenkung des Mitunternehmeranteils an die Kinder überführt V die Produktionshalle in das Betriebsvermögen seine Einzelunternehmens (alternativ in das Betriebsvermögen einer anderen Gesellschaft, an der er beteiligt ist).

Wie sind Schenkung und Überführung zu beurteilen?

Die Überführung des Sonderbetriebsvermögens muss nach § 6 Abs. 5 EStG zum Buchwert erfolgen. Die Schenkung des Anteils am Gesamthandsvermögen fällt nicht unter § 6 Abs. 3 EStG, d.h. die anteiligen Wirtschaftsgüter werden entnommen. Es entsteht ein laufender, nicht begünstigter Aufgabegewinn aus dem Gesamthandsvermögen (BFH-Urteil vom 2.10.1997, IV R 84/96, BStBl II 1998, 104)

c) Entgeltliche Übertragung bei wesentlichem Sonderbetriebsvermögen

Fall 98

Die OHG besteht aus drei Gesellschaftern. Ein Grundstück mit Bürogebäude wird von C an die Gesellschaft vermietet. Er veräußert seinen Mitunternehmeranteil an D. Gleichzeitig wird ein notarieller Vertrag über den Verkauf des Grundstücks an D geschlossen. C erzielt einen Gewinn aus dem

Mitunternehmeranteil von 125.000 €

Grundstücksverkauf von 50.000 €.

Handelt es sich um einen Fall der begünstigten Betriebsveräußerung?

Aus dem Inhalt des BFH-Urteils vom 19.03.1991, VIII R 76/87, BStBl II 1991, 635 lässt sich die Antwort eindeutig finden: Bei der Veräußerung eines Mitunternehmeranteils einschließlich des Sonderbetriebsvermögens bezieht sich die Tarifvergünstigung der §§ 16, 34 auch auf die durch die Veräußerung des Sonderbetriebsvermögens aufgedeckten stillen Reserven.

Der gesamte Gewinn von C ist damit begünstigt.

Fall 99

wie Fall 98, jedoch wird das Grundstück von C in sein Privatvermögen überführt. Die Differenz zwischen Buchwert und Verkehrswert beträgt 50.000 €. Der Mietvertrag mit der Gesellschaft bleibt bestehen.

In welchem Umfang ist der Veräußerungs-/Aufgabegewinn steuerbegünstigt?

Die Rechtslage ist entsprechend dem vorherigen Fall. Das BFH-Urteil vom 19.3.1991 beinhaltet den Zusatz: „bei der Veräußerung eines Mitunternehmeranteils einschließlich des Sonderbetriebsvermögens bzw. **dessen Überführung ins Privatvermögen** ... "

Die Veräußerung des Mitunternehmeranteils und die gleichzeitige Entnahme des wesentlichen Sonderbetriebsvermögens sind begünstigt, so dass C die Tarifvergünstigung für 175.000 € erhält.

Fall 100

Wie Fall 99, jedoch kündigt C den Mietvertrag mit der Gesellschaft. Das Bürogebäude wird für das Einzelunternehmen von C genutzt und ist in deren Bilanz erfasst. Ist der Verkauf des Mitunternehmeranteils als begünstigte Betriebsveräußerung/-aufgabe anzusehen?

Zur Lösung kommt man in zwei Schritten:

1. Die Überführung eines Wirtschaftsguts aus dem Sonderbetriebsvermögen in das Betriebsvermögen eines Einzelunternehmens ist nach § 6 Abs. 5 S. 2 EStG zwingend zum Buchwert vorzunehmen. Das Bürogebäude wird daher im Einzelunternehmen mit dem Wert bilanziert, mit dem es ist der Sonderbilanz stand. Stille Reserven werden nicht aufgedeckt.

2. Im nächsten Schritt ist zu klären, was Gegenstand der Betriebsaufgabe ist. Hier gilt der Grundsatz, dass alle wesentlichen stillen Reserven in einem einheitlichen Vorgang aufgedeckt werden müssen, um den Vorgang als eine begünstigte Aufgabe anzusehen (vgl. BFH-Urteil vom 02.10.1997, IV R 84/96, BStBl II 1998, 104). C muss daher einen laufenden Gewinn von 125.000 € versteuern.

Fall 101

Wie im Ausgangsfall 99, Erwerber des Mitunternehmeranteils ist jedoch die Ehefrau von C. Das Grundstück wird jedoch nicht veräußert, sondern der Ehefrau unentgeltlich übertragen.

Ist der Gewinn von 125.000 € aus der Veräußerung des Mitunternehmeranteils für C steuerbegünstigt?

Die Antwort findet sich im BFH-Urteil vom 06.12.2000, VIII R 21/00, BStBl II 2003, 194.

Hier hat der Bundesfinanzhof entschieden, dass keine Tarifbegünstigung möglich ist, da keine zusammengeballte Gewinnrealisierung eintritt. Der Begriff des Mitunternehmeranteils umfasst auch das Sonderbetriebsvermögen. Die darin enthaltenen stillen Reserven der wesentlichen Wirtschaftsgüter seines Sonderbetriebsvermögens deckt C jedoch nicht auf.

Fall 102

Die Abwandlung zu Fall 99 besteht darin, dass C nur das Grundstück mit Bürogebäude veräußert. Er bleibt weiterhin Mitunternehmer der OHG. Ist der Gewinn von 50.000 € tarifbegünstigt?

Dieser Vorgang fällt nicht unter § 16 EStG, da kein Mitunternehmeranteil veräußert wird, sondern nur ein einzelnes Wirtschaftsgut des (Sonder-) Betriebsvermögens. Das Sonderbetriebsvermögen für sich betrachtet ist weder ein Mitunternehmeranteil noch ein Teil eines solchen Anteils. Gewinne aus der Veräußerung des Sonderbetriebsvermögens können demzufolge nur dann tarifbegünstigt sein, wenn sie im wirtschaftlichen Zusammenhang mit der Veräußerung oder Aufgabe eines Mitunternehmeranteils anfallen (BFH-Urteil vom 11.12.1990, VIII R 14/87, BStBl II 1991, 510).

Leitsatz 43

Sonderbetriebsvermögen ist wesentliche Grundlage

Der Verkauf oder die Aufgabe eines Mitunternehmeranteils ist nur steuerbegünstigt, wenn **auch** die stillen Reserven des zu den wesentlichen Betriebsgrundlagen gehörenden Sonderbetriebsvermögens aufgedeckt werden. Werden nur die stillen Reserven des Mitunternehmeranteils **oder** des Sonderbetriebsvermögen realisiert, handelt es sich um laufenden, nicht tarifbegünstigten Gewinn.

Zur Behandlung des Sonderbetriebsvermögens beim Ausscheiden von Gesellschaftern und Gesellschafterwechsel nun die Übersicht 17.

Übersicht 17: Ausscheiden und Gesellschafterwechsel bei Sonderbetriebsvermögen

a) **unwesentliche Wirtschaftsgüter** des Sonderbetriebsvermögens	
Mitunternehmeranteil wird unentgeltlich übertragen, Wirtschaftsgüter des Sonderbetriebsvermögen werden entnommen	Buchwertfortführung für den Mitunternehmeranteil, laufender Gewinn bei dem Sonderbetriebsvermögen
Mitunternehmeranteil und Wirtschaftsgüter des Sonderbetriebsvermögen werden veräußert/entnommen	Insgesamt begünstigter Veräußerungs-/Aufgabegewinn
Mitunternehmeranteil wird veräußert, Wirtschaftsgüter des Sonderbetriebsvermögen in ein anderes Betriebsvermögen überführt	begünstigter Veräußerungsgewinn für den Mitunternehmeranteil, Buchwertfortführung bei dem Sonderbetriebsvermögen
b) **wesentliche Wirtschaftsgüter** des Sonderbetriebsvermögens	
Mitunternehmeranteil und Wirtschaftsgüter des Sonderbetriebsvermögen werden **unentgeltlich** übertragen	Buchwertfortführung für Gesamthandsvermögen und Sonderbetriebsvermögen
Mitunternehmeranteil wird **unentgeltlich** übertragen, Wirtschaftsgüter des Sonderbetriebsvermögen weiter der Gesellschaft überlassen/an Dritte veräußert	Insgesamt begünstigter Veräußerungs-/Aufgabegewinn bei Gesamthandsvermögen **und** Sonderbetriebsvermögen
Mitunternehmeranteil wird **unentgeltlich** übertragen, Wirtschaftsgüter des Sonderbetriebsvermögen werden in anderes Betriebsvermögen überführt.	Aufgabe des Mitunternehmeranteils mit laufendem Gewinn, Buchwertfortführung bei dem Sonderbetriebsvermögen

Mitunternehmeranteil und Wirtschaftsgüter des Sonderbetriebsvermögen werden **veräußert**	Begünstigte Veräußerung des Mitunternehmeranteils einschließlich Sonderbetriebsvermögen
Anteil wird **veräußert** Wirtschaftsgüter des Sonderbetriebsvermögen werden entnommen	Begünstigte Veräußerung des Mitunternehmeranteils einschließlich Aufgabegewinn bei dem Sonderbetriebsvermögen
Anteil wird **veräußert** Wirtschaftsgüter des Sonderbetriebsvermögen werden in ein anderes Betriebsvermögen überführt	Nicht begünstigter laufender Gewinn, Buchwertfortführung bei dem Sonderbetriebsvermögen
Anteil wird **veräußert**, Sonderbetriebsvermögen unentgeltlich auf den Erwerber übertragen	Keine begünstigte Veräußerung, laufender Gewinn. Buchwertübernahme bei dem Sonderbetriebsvermögen
Anteil wird **nicht veräußert**, sondern nur die Wirtschaftsgüter des Sonderbetriebsvermögens	Keine begünstigte Betriebsveräußerung, da kein Mitunternehmeranteil veräußert

Lektion 14: Beendigung der Personengesellschaft

Ausscheiden des letzten Gesellschafters

Fall 103

A und B betreiben ihren Computerladen in der Rechtsform einer GbR, Anteile je 50 %. B orientiert sich anderweitig und wird Arbeitnehmer. Den Ausstieg aus der Gesellschaft lässt er sich mit 55.000 € bezahlen. Sein Kapitalkonto hat einen Wert von 30.000 €. A führt die Firma weiter. Welche Folgerungen hat die Firmenübernahme durch A? Wie muss B seine Abfindung versteuern?

Die erste Schlussfolgerung ist, dass die Gesellschaft aufgelöst ist. Scheidet bei einer zweigliedrigen Gesellschaft ein Gesellschafter aus, kann keine Personengesellschaft mehr bestehen. Es bleibt nur die Rechtsform des Einzelunternehmens für A. B hat seinen Gesellschaftsanteil entgeltlich auf A übertragen. Dadurch wird B Gesamtrechtsnachfolger hinsichtlich des Gesellschaftsvermögens (vgl. BFH-Urteil vom 20.2.2003, III R 34/01, BStBl II 2003, 700).

Zum zweiten erzielt B aus der Veräußerung des Mitunternehmeranteils einen Veräußerungsgewinn nach § 16 Abs. 1 Nr. 2 EStG:

Abfindung	55.000 €
Kapitalkonto	30.000 €
Veräußerungsgewinn	25.000 €

A hat in Höhe von 25.000 € weitere Anschaffungskosten für das bisherige Betriebsvermögen.

Fall 104

Die Computer-GbR des Falles 103 beschließt eine formelle Auslösung der Gesellschaft und vereinbart mit A, dass dieser den Betrieb für 110.000 € kauft.

Wie ist die steuerliche Auswirkung bei A und B?

Es ist festzuhalten, das bei einer Personengesellschaft die Veräußerung aller wesentlichen Betriebsgrundlagen als Betriebsveräußerung im Sinne des § 16 Abs. 1 Nr. 1 EStG anzusehen ist. Schuldrechtliche Beziehungen zwischen Gesellschafter und Gesellschaft sind grundsätzlich möglich, so dass eine Veräußerung wie ein Veräußerungsgeschäft unter fremden Dritten zu behandeln ist Die handelsrechtliche Selbständigkeit wird für die einkommentsteuerliche Behandlung insoweit übernommen, dass der Gesellschaft für die zum Betriebsvermögen gehörenden Wirtschaftsgüter eine eigene Rechtszuständigkeit zugebilligt wird. (vgl. BFH-Urteil vom 20.2.2003, III R 34/01, BStBl II 2003, 700).

B erzielt einen Veräußerungsgewinn wie bei Fall 103.

Bei A ist die Differenz zwischen dem halben Anteil am Kaufpreis und seinem Kapitalkonto der Veräußerungsgewinn. Dieser gilt nach § 16 Abs. 2 Satz 3 EStG als laufender Gewinn, da auf Seite des Veräußerers und des Erwerbers dieselben Personen (Mit-)Unternehmer sind. Der ermäßigte Steuertarif nach § 34 EStG oder aber ein Freibetrag nach § 16 Abs. 4 EStG sind nicht möglich.

Der Veräußerungsgewinn von A und B führt zu weiteren Anschaffungskosten bei dem Einzelunternehmen von A. Diese sind auf den möglichen Firmenwert und die vorhandenen Wirtschaftsgüter aufzuteilen.

Leitsatz 44

Ausscheiden des letzten Gesellschafters

Eine zweigliedrige Personengesellschaft ist beendet, wenn der letzte Gesellschafter aus der Gesellschaft ausscheidet. Wird die Firma weitergeführt, kann je nach vertraglicher Gestaltung

- der Verkauf eines Mitunternehmer**anteils** an den verbleibenden Gesellschafter oder
- der Verkauf des **gesamten** Gewerbebetrieb von der Gesellschaft an einen bisherigen Gesellschafter vorliegen.

Veräußerung des Betriebs

Fall 105

Hartmann und Eisenmann haben ein Einzelhandelsgeschäft für Haushaltswaren und Werkzeuge. Eine große Baumarktkette will das Geschäft übernehmen. Der Kaufpreis ist verlockend, so das die Gesellschafter sich schnell zum Verkauf entschließen.

Die Bilanz bei Verkauf sieht wie folgt aus:

Aktiva		Passiva	
Geschäftsgrundstück	168.000 €	Kapital Hartmann	66.400 €
Ladeneinrichtung	15.000 €	Kapital Eisenmann	99.600 €
Fahrzeuge	8.000 €	Darlehen	65.000 €
Waren	40.000 €		
Summe	231.000 €	Summe	231.000 €

Hartmann hat zusätzlich einen PKW im Alleineigentum, der in der Sonderbilanz mit 9.000 € bilanziert ist. Der Verkehrswert beträgt 11.000 €

Der Kaufvertrag beinhaltet folgende Positionen:

Übernahme Kundenstamm	15.000 €
Geschäftsgrundstück	225.000 €
Ladeneinrichtung	32.000 €
Warenbestand	41.000 €
Übernahme Darlehen	65.000 €
Gesamtkaufpreis	378.000 €

An dem Fahrzeug hat die Baumarktkette keine Interesse. Eisenmann nutzt es daher nur noch privat. Der Verkehrswert beträgt 8.500 €. Wie versteuern die Gesellschafter den Veräußerungsgewinn?

Eine **Betriebsveräußerung** des ganzen Gewerbebetriebs einschließlich Sonderbetriebsvermögen liegt - auch bei einer Personengesellschaft - nur vor, wenn der Betrieb mit seinen **wesentlichen** Grundlagen gegen Entgelt in der Weise auf einen Erwerber übertragen wird, dass der Betrieb als geschäftlicher Organismus fortgeführt werden kann (§ 16 EStG i.V. m. R 16 Abs. 1 EStR). Nicht erforderlich ist, dass der Erwerber den Betrieb tatsächlich fortführt.

Zum Veräußerungsgewinn gehören die aufgedeckten stillen Reserven, d.h. die gesamte Gegenleistung ist den Buchwerten gegenüber zu stellen. Eine Übernahme von Darlehensschulden ist auch als Gegenleistung anzusehen.

Eine Ausnahme ist der Verkauf des kurzfristig wiederbeschaffbaren Warenbestands. Insoweit entsteht ein **laufender** Gewinn.

Mit Zahlen untermauert ergibt sich folgendes Bild für den Veräußerungs-/ Aufgabegewinn:

Gesamthandsvermögen						**Sonder-BV**	Summe
Veräußerter Teil nach § 16 Abs. 2 EStG				Entnommener Teil nach §16 Abs. 3 Satz 7 EStG			
	Kunden-stamm	Geschäfts grundstück	Ladenein-richtung		Fahrzeuge	PKW	
Veräuße-rungspreis	15.000 €	225.000 €	32.000 €	Gemeiner Wert	8.500 €	11.000 €	
Buchwert	0 €	168.000 €	15.000 €		8.000 €	9.000 €	
Gewinn	15.000 €	57.000 €	17.000 €		500 €	2.000 €	91.500 €

Aufgedeckte stille Reserven Wirtschaftsgüter	91.500 €	
Übernahme Darlehen	65.000 €	
Veräußerungsgewinn	156.500 €	156.500 €
Warenverkauf	41.000 €	
Buchwert Waren	40.000 €	
Laufender Gewinn	1.000 €	1.000 €
Gesamtgewinn		157.500 €

Das Ergebnis kann auch durch folgende Gegenrechnung ermittelt werden.

Veräußerungspreis	378.000 €
Entnahmewerte	19.500 €
Kapitalkonten Gesamthandsvermögen	– 166.000 €
Kapitalkonto Sonderbetriebsvermögen	-9.000 €
Darlehen	– 65.000 €
Gesamtgewinn	157.500 €

Auf die beiden Gesellschafter wird der Gewinn nach Kapitalanteilen verteilt:

	Gesamt	Hartmann	Eisenmann
Kapitalkonto	166.000 €	66.400 €	99.600 €
Anteil	100 %	40 %	60 %
Veräußerungsgewinn	156.500 €	62.600 €	93.900 €
Laufender Gewinn	1.000 €	400 €	600€

Das Ergebnis ergibt sich aus der nachfolgenden Berechnung:

Veräußerungspreis	337.000 €	
Buchwert Gebäude	– 168.000 €	
Buchwert Ladeneinrichtung	– 15.000 €	
Auflösung Darlehn	+ 65.000 €	
Darlehn	– 65.000 €	
Veräußerungserlös Gesamthandsvermögen	219.000 €	219.000 €
Entnahme PKW	8.500 €	
Buchwert PKW	– 8.000 €	
Entnahme Gesamthandsvermögen	500 €	500 €
Entnahme PKW Sonderbetriebsvermögen	11.000 €	
Buchwert PKW	– 9.000 €	
Entnahme Gesamthandsvermögen	2.000 €	2.000 €
Gesamter Veräußerungsgewinn		221.500 €

Veräußerungspreis Waren	41.000 €	
Buchwert Waren	– 40.000 €	
Laufender Gewinn	1.000 €	1.000 €

Auf die beiden Gesellschafter wird der Gewinn nach Kapitalanteilen verteilt:

	Hartmann	Eisenmann	Summe
Kapitalkonto	66.400 €	99.600 €	166.000 €
Anteil	40 %	60 %	100 %
Ergebnis			
Gewinn	88.000 €	132.000 €	220.000 €
Entnahme PKW	0 €	500 €	500 €

Sonderbetriebs-vermögen	2.000 €	0 €	2.000 €
	90.000 €	132.500 €	222.500 €
Laufender Gewinn	400 €	600 €	1.000 €
Veräußerungsgewinn	89.600 €	131.900 €	221.500 €

Leitsatz 45

Veräußerung des Betriebs

Mit der Veräußerung des ganzen Betriebs endet die Personengesellschaft. Die steuerlichen Vergünstigungen wie Veräußerungsfreibetrag nach § 16 Abs. 4 EStG oder die Tarifermäßigung nach § 34 EStG erhalten die Gesellschafter nur, wenn der Betrieb mit seinen wesentlichen Grundlagen veräußert wird und der übertragene Betrieb als geschäftlicher Organismus vom Erwerber fortgeführt werden kann.

Aufgabe des Betriebs

Fall 106

Die Eheleute Stoff haben ihr Textilgeschäft seit den 70er Jahren als GbR geführt. Um auf die Bedingungen am Textilmarkt reagieren zu können, müssten erheblichen Investitionen getätigt werden. Diese können und wollen die Eheleute auf Grund Ihres Altes nicht tätigen. Sie beschließen daher die Aufgabe des Betriebs. Das Betriebsgebäude, Verkehrswert 250.000 €, Buchwert 100.000 € wird zu Wohnzwecken umgebaut. Die Geschäftseinrichtung (Kasse, Regale usw.), Buchwert 4.000 € und der Warenbestand, Buchwert 15.000 € sind wegen Überalterung kaum zu gebrauchen. Die restliche Betriebseinrichtung wird verschrottet, der Warenbestand an eine gemeinnützige Einrichtung verschenkt.

Müssen die Eheleute Stoff mit einer Steuerbelastung rechnen?

Die **Aufgabe** des Gewerbebetriebs wird nach § 16 Abs. 3 EStG wie eine Veräußerung behandelt. Voraussetzung ist, dass alle wesentlichen Betriebsgrundlagen in einem einheitlichen Vorgang veräußert oder entnommen werden. Es handelt sich um Willensentscheidungen und Handlungen in deren Folge der Betrieb als selbständiger Organismus des Wirtschaftslebens aufgehört hat zu bestehen (vgl. R 16 Abs. 2 EStR).

Die Eheleute Stoff haben den Betrieb eingestellt. Das Betriebsvermögen wird anderweitig verwendet. Der Unterschiedsbetrag zwischen Buchwert und Verkehrswert der betrieblichen Wirtschaftsgüter ist daher der Veräußerungsgewinn oder aber auch -verlust:

Betriebsgebäude

Durch den Umbau zu Wohnzwecken verliert das Grundstück (Gebäude einschließlich Grund und Boden) die Eigenschaft als Betriebsvermögen. Der Entnahmegewinn beträgt.

Verkehrswert	250.000 €
Buchwert	100.000 €
Gewinn	150.000 €

Geschäftseinrichtung

Es ist kein Veräußerungserlös erzielt worden, so dass der Buchwert von 4.000 € den Veräußerungsgewinn mindert.

Waren

Hier gilt das handelsrechtliche Niederstwertprinzip, d.h. vor Betriebsaufgabe ist ein Abschreibung auf den Wert erforderlich, zu dem die Kleidungsstücke noch verkauft werden könnten. Diese Teilwertabschreibung mindert den laufenden Gewinn. Die Schenkung an die gemeinnützige Einrichtung ist privat veranlasst, so dass die Waren entnommen werden. Der Entnahmewert entspricht wegen der Unverkäuflichkeit der Waren dem verbleibenden Buchwert. Der Aufgabegewinn wird nicht beeinflusst.

Fall 107

Die Eheleute Stoff wollen das Textilgeschäft nicht selbst weiterführen. Als Betriebsnachfolger kommt ggf. ein Enkelkind in Betracht, welches in Kürze eine Ausbildung in einem Modegeschäft anfängt. Das Geschäft, (Betriebsgebäude mit Einrichtung und Warenbestand) wird daher für zunächst fünf Jahre an einen Pächter vermietet. Ein PKW wird entnommen.

Muss die GbR die Betriebsaufgabe erklären und die stillen Reserven versteuern?

Werden die wesentlichen Betriebsgrundlagen im Ganzen (an eine Person) verpachtet, besteht ein Verpächterwahlrecht zwischen einer Betriebsfortführung und Betriebsaufgabe (R 16 Abs. 5 EStR). Die Eheleute Stoff haben außer dem PKW sämtliche Wirtschaftsgüter verpachtet. Sie können daher die stillen Reserven aufdecken. Ein Aufgabegewinn wäre tarifbegünstigt (§ 34 EStG) und es könnte der Veräußerungsfreibetrag (§ 16 Abs. 4 EStG) berücksichtigt werden. Die GbR hat auch die andere Möglichkeit, die Buchwerte fortzuführen. Es handelt sich dann um einen **ruhenden** Gewerbebetrieb.

Leitsatz 46

Aufgabe des Betriebs

Von einer Betriebsbeendigung in Form einer Aufgabe geht das Steuerrecht nur aus, wenn alle wesentlichen Betriebsgrundlagen in einem einheitlichen Vorgang veräußert oder entnommen werden. Der Betrieb als wirtschaftlicher Organismus muss aufgehört haben zu bestehen. Bei einer Verpachtung im Ganzen hat die Personengesellschaft ein Wahlrecht, die Betriebsaufgabe zu erklären oder aber einen ruhenden Gewerbebetrieb fortzuführen.

Realteilung

Fall 108

Die OHG von Schnell und Rein betreibt eine Tankstelle und eine Autowaschstraße. Die Gesellschafter haben unterschiedliche Auffassungen über die künftigen betriebswirtschaftlichen Konzepte. Sie beschließen daher, die Gesellschaft zu beenden. Schnell erhält die Tankstelle, Rein die Waschstraße.

Führt die Trennung des Betriebsvermögens zu einer Aufdeckung stiller Reserven?

Die Verteilung des Betriebsvermögens an die Gesellschafter ist eine weitere Form der Beendigung einer Personengesellschaft. Das Steuerrecht verwendet in § 16 Abs. 3 Satz 2 EStG den Begriff „Realteilung" (BMF-Schreiben vom 28.2.2006, IV B 3 – S 2242 – 6/06, BStBl I 2006, 228). Dabei müssen die Buchwerte fortgeführt werden, wenn Teilbetriebe, Mitunternehmeranteile oder einzelne Wirtschaftsgüter in das jeweilige Betriebsvermögen der bisherigen Mitunternehmer übertragen werden. Voraussetzung ist, dass **ein** Realteiler wesentliche Betriebsgrundlagen erhält, die anderen Wirtschaftsgüter können einzeln an die Mitunternehmer übertragen werden. Eine Gewinnrealisierung unterbleibt dann auch für die anderen Wirtschaftsgüter.

Eine Ausnahme besteht bei Wirtschaftsgütern, die für private Zwecke genutzt werden. Diese müssen zum gemeinen Wert entnommen werden.

Schnell und Rein können somit ihre jeweiligen Betriebe zu den bisherigen Buchwerten fortführen. Stille Reserven müssen nicht aufgedeckt werden.

Fall 109

Wie Fall 108, jedoch hat der Tankstellenbetrieb einen höheren Wert als die Waschstraße. Schnell zahlt daher an Rein einen Wertausgleich von 75.000 €. Handelt es sich noch um eine gewinnneutrale Realteilung?

Zunächst ist festzuhalten, dass die Zahlung eines Spitzenausgleichs der Buchwertübernahme bei einer Realteilung nicht entgegensteht. Beide Gesellschafter führen die Buchwerte fort. Lediglich hinsichtlich der Zahlung von 75.000 € abzüglich der anteiligen Buchwerte entsteht bei Rein ein Veräußerungsgewinn. Diesen muss er als laufenden Gewinn versteuern. Schnell hat anteilige Anschaffungskosten in Höhe der aufgedeckten stillen Reserven. Er kann seine Wirtschaftsgüter höher abschreiben.

Fall 110

Zwei Jahre nach der Realteilung muss Schnell bei seiner Tankstelle aus Umweltschutzgründen investieren. Die finanziellen Mittel kann er nicht allein aufbringen. Er verkauft daher einen Gebäudeteil für 100.000, Buchwert 60.000 €.

Wie ist der Verkauf zu beurteilen, ergeben sich Auswirkungen auf die Realteilung?

Grundsätzlich ist der Differenzbetrag zwischen Veräußerungserlös und Buchwert ein laufender Gewinn. In diesem Fall greift aber die Spezialvorschrift des § 16 Abs. 3 Satz 3 EStG. Diese beinhaltet ein **Sperrfrist**. Werden innerhalb von drei Jahren nach Abgabe der Steuererklärung der Personengesellschaft für das Jahr der Realteilung

- Grund und Boden

- Gebäude oder

- andere wesentlichen Betriebsgrundlagen

veräußert oder entnommen, ist **rückwirkend** der gemeine Wert anzusetzen, d.h. die stillen Reserven werden realisiert. Die Nachversteuerung betrifft jedoch nur die veräußerten oder entnommenen Wirtschaftsgüter. Im übrigen bleibt es bei der Buchwertfortführung.

Für das Jahr der Realteilung muss Schnell daher einen laufenden Gewinn ansetzen. Hierfür sind der Buchwert und der gemeiner Wert im Zeitpunkt der Realteilung zu ermitteln. Bei der späteren tatsächlichen Veräußerung ist der ab der Realteilung fortgeschriebene, korrigierte Buchwert zu Grunde zu legen. Im Ergebnis kommt es dadurch zu einer vorzeitigen Besteuerung bei dem Grundstücksteil.

Fall 111

Tankstelle und Waschstraße wurden bisher in der Rechtsform einer GmbH & Co. KG geführt. Die Realteilung erfolgt dahingehend, dass Schnell die Tankstelle, Rein die Waschstraße und die bisherige Komplementär-GmbH (ohne Anteile) ein unbebautes Grundstück (Parkplatz) erhält. Der Buchwert des Grundstücks beträgt 180.000 €, der gemeine Wert 220.000 €.

Ist eine steuerneutrale Realteilung auch bei einer GmbH möglich?

§ 16 Abs. 3 Satz 4 EStG enthält hier eine **Körperschaftsteuer-Klausel**. Danach ist zwar die Übertragung eines Teilbetriebs zu Buchwerten möglich, nicht jedoch die Übertragung einzelner Wirtschaftsgüter. Die

Übertragung ist mit dem gemeinen Wert von 220.000 € anzusetzen. Damit müssen Schnell und Rein jeweils 20.000 € (220.000 € – 180.000 € = 40.000 €) als laufenden Gewinn versteuern.

Hintergrund für diese Regelung ist, dass bei einer Körperschaft eine günstigere Besteuerung besteht, die nicht für die stillen Reserven des vor Realteilung bestehenden Betrieb gelten soll.

Leitsatz 47

Realteilung

Bei der Realteilung wird die Personengesellschaft in der Weise beendet, dass die Wirtschaftsgüter des Betriebs auf die bisherigen Gesellschafter aufgeteilt werden. Für eine Buchwertfortführung entscheidend ist, dass ein Realteiler wesentliche Betriebsgrundlagen erhält. Bei besonderen Sachverhalten wie

- Entnahme einzelner Wirtschaftsgüter
- Zahlung eines Wertausgleichs
- Veräußerung/Entnahme innerhalb der dreijährigen Sperrfrist
- Übertragung an eine Körperschaft

sind insoweit stille Reserven aufzudecken.

Das Sonderbetriebsvermögen der einzelnen Mitunternehmer ist bei der Realteilung mit einzubeziehen. Die Übertragung einzelner Wirtschaftsgüter des Sonderbetriebsvermögens von einem auf einen anderen Mitunternehmer kann auch zu Buchwerten erfolgen.

Betriebsabwicklung

Fall 112

Stein und Holz haben nebenberuflich eine kleine Baufirma. Viel Geld ist wegen der größeren Konkurrenz nicht mehr zu verdienen. Sie verkaufen daher nach und nach die Baumaschinen und Werkzeuge an verschiedene Erwerber. Die Gesellschaft hat kein Grundstück. Nach zwei Jahren ist das gesamte Betriebsvermögen verkauft. Aufträge werden bereits seit einem Jahr nicht mehr angenommen.

Welche Folgerungen ergeben sich durch die Veräußerungen?

Eine steuerbegünstigte Aufgabe nach § 16 EStG setzt voraus, dass die wesentlichen Wirtschaftsgüter in einem einheitlichen Vorgang veräußert oder in das Privatvermögen überführt werden. Zwischen Beginn und Ende der Betriebsaufgabe darf nur ein kurzer Zeitraum liegen. Nach H 16 Abs. 2, Stichwort „Zeitraum für eine Betriebsaufgabe" EStH ist ein Zeitraum von mehr als 36 Monaten schädlich, jedoch ist dies keine feste Grenze.

Stein und Holz müssen hier wohl davon ausgehen, dass kein einheitlicher Vorgang vorliegt, da es sich um eine kleine Baufirma handelt und die Wirtschaftsgüter an verschiedene Erwerber veräußert wurden. Die Beendigung der Gesellschaft geschieht hier in Form einer **Betriebsabwicklung**, es liegt keine Betriebsaufgabe vor. Bis zur Veräußerung oder ggf. Entnahme des letzten Wirtschaftsguts erzielt die Personengesellschaft **laufende** Gewinne.

Leitsatz 48

Betriebsabwicklung

Die Betriebsabwicklung ist eine „langsame" Form der Betriebsbeendigung. Werden die betrieblichen Wirtschaftsgüter nach und nach veräußert, entsteht ein laufender Gewinn. Besondere Steuervergünstigungen sind nicht möglich.

Lektion 15: Wechsel zu einer anderen Personengesellschaft

Umwandlung durch Gesetz

Fall 113

Peters und Paulsen haben ihre neue Geschäftsidee auf den Markt gebracht. Beide sind an der Entwicklung zu gleichen Anteilen beteiligt. Sie gründen daher eine GbR mit je 50 % Anteilen. Nach einem Jahr sind sie so erfolgreich, dass der Umsatz 1,5 Mio. beträgt, drei Arbeitnehmer eingestellt werden und mehrere Räumlichkeiten gemietet werden.

Wie wirkt sich die Betriebsentwicklung steuerlich aus?

Durch Ausweitung des Betriebs kann ein kaufmännisch eingerichteter Geschäftsbetrieb entstehen. Ohne dass die Gesellschafter etwas davon merken, wird in diesem Fall aus der GbR eine OHG. Die zivilrechtlichen Vereinbarungen der Gesellschafter bleiben unverändert bestehen. Das Vermögen geht auf die OHG über.

Es tritt kein Gesellschafterwechsel ein, da die Identität der Personengesellschaft unverändert ist. Steuerlich hat dieser Wechsel keine Auswirkungen.

Umwandlung durch die Gesellschafter

Fall 114

Peters und Paulsen entschließen sich aus Haftungsgründen die GbR in eine GmbH & Co. KG umzuwandeln. Beide sind Kommanditisten zu je 50 % Anteilen, die neue gegründete GmbH ist Komplementärin.

Hat die Rechtsformänderung steuerliche Folgen?

Der Wechsel der Rechtsform einer Mitunternehmerschaft führt nicht zu einer Betriebsveräußerung oder Betriebsaufgabe (BFH-Urteil vom 28.11.1989, VIII R 40/84, BStBl II 1990, 561). Das Gesellschaftsvermögen ist weiterhin zu je 50 % im Eigentum von Peters und Paulsen. Der von den Gesellschaftern veranlasste Rechtsformwechsel verändert die Besteuerung nicht.

Fall 115

Peters und Paulsen haben zur Gründung der GmbH & Co. KG vereinbart, dass das gesamte Vermögen der GbR mit allen Aktiven und Passiven „in Anwendung des § 24 des Umwandlungssteuergesetzes (UmwStG)" in die gleichzeitig errichtete KG eingebracht wird. Bei der GbR ermitteln sie einen Veräußerungsgewinn, bei der GmbH & Co. KG setzen sie die gemeinen Werte in der Eröffnungsbilanz an.

Kann so verfahren werden, obwohl sich die Mitunternehmeranteile nicht verändert haben?

Die Rechtsprechung räumt den Beteiligten ein Wahlrecht ein zwischen der identitäts**wahrenden** Fortführung der bisherigen Gesellschaft durch rechtsformwechselnde Umwandlung und der identitäts**aufhebenden** Umwandlung mit Übergang des Gesellschaftsvermögens der erlöschenden Gesellschaft auf eine neu gegründete Gesellschaft (BFH-Urteil vom 21.06.1994, VIII R 5/92, BStBl II 1994, 856).

Peters und Paulsen können daher § 24 UmwStG anwenden und entweder Buchwerte, Zwischenwerte oder die gemeinen Werte ansetzen. In der neuen GmbH & Co. KG darf daher mit den gemeinen Werten bilanziert werden. Korrespondierend ergibt sich bei der GbR ein Aufgabegewinn.

Leitsatz 49

!

Umwandlung in andere Personengesellschaft

Die formwechselnde Umwandlung in eine andere Personengesellschaft hat keine steuerlichen Auswirkungen, sofern die Gesellschafter und Beteiligungsverhältnisse unverändert sind (= identitätswahrende Fortführung).
Nur wenn die Gesellschafter eine förmliche Auflösung der Gesellschaft und anschließende Einbringung in eine neue Gesellschaft beschließen, besteht nach § 24 Umwandlungssteuergesetz ein Wahlrecht zum Buchwert-, Zwischenwert- oder Ansatz des gemeinen Werts.

Verschmelzung

Fall 116

Fein und Kost haben neben der Restaurant-OHG eine weitere Gesellschaft, die mit Gourmet-OHG im Handelsregister eingetragen ist. Sie bringen die Restaurant-OHG in die Gourmet-OHG durch einen förmlichen Verschmelzungsvertrag nach §§ 2 Umwandlungsgesetz (UmwG) ein.

Wie muss der Vermögensübergang auf die neue OHG steuerlich gewürdigt werden?

Im Gegensatz zur formwechselnden Umwandlung sind bei einer Verschmelzung zwei Rechtsträger erforderlich. Die Restaurant-OHG ist übertragender Rechtsträger, die Gourmet-OHG übernehmender Rechtsträger nach § 2 UmwG. Das gesamte Vermögen der Restaurant-OHG geht auf die neue Gesellschaft gegen Gewährung von Gesellschaftsrechten über. Die bisherige Gesellschaft wird ohne Abwicklung aufgelöst. Steuerlich wird dieser Fall wie eine Einbringung der Mitunternehmeranteile in die aufnehmende Personengesellschaft behandelt. Die Gourmet-OHG kann nach § 24 UmwStG die eingebrachten Wirtschaftsgüter mit dem Buchwert, einem Zwischenwert oder dem gemeinen Wert ansetzen. Entsprechend ergeben sich steuerliche Auswirkungen bei den bisherigen Gesellschaftsanteilen von Fein und Kost.

Leitsatz 50

Verschmelzung

Die Verschmelzung einer Personengesellschaft auf eine bestehende zweite Personengesellschaft wird steuerlich wie eine Einbringung von Mitunternehmeranteilen behandelt: Die aufnehmende Personengesellschaft kann den Buchwert, einen Zwischenwert oder den gemeinen Wert nach § 24 UmwStG ansetzten. Die Ausübung dieses Wahlrechts bestimmt die Versteuerung bei den einbringenden Gesellschaftern.

Lektion 16: Wechsel zu einer GmbH

Sachgründung (Anteilseinbringung)

Fall 117

Fein und Kost haben ein Gourmet-Restaurant, Gesellschaftsform GbR. Sie wollen den Betrieb künftig in der Rechtsform der GmbH führen. Sie schließen einen GmbH-Vertrag ab mit der Verpflichtung das gesamte Vermögen der bisherigen Personengesellschaft einzubringen. Sämtliche Wirtschaftsgüter werden genau festgehalten. Es ergibt sich ein Buchwert von 150.000 € nach Abzug der Verbindlichkeiten. Das Kapital der GmbH beträgt 25.000 €. Welche steuerliche Auswirkung hat die Einbringung?

Vom Grundsatz her müssten bei Überführung eines Unternehmens in ein anderes Unternehmen die stillen Reserven aufgedeckt werden. Das Steuerecht erlaubt aber, eine derartige Umgestaltung, die als Sachgründung bezeichnet wird, erfolgsneutral vorzunehmen. Entscheidend ist hier, das Fein und Kost GmbH-Anteile für das eingebrachte Betriebsvermögen erhalten. § 20 Abs. 2 UmwStG ermöglicht den Ansatz der Buchwerte, Zwischenwerte oder der gemeinen Werte bei der GmbH. Diese Wertansätze sind für die bisherigen Mitunternehmer entscheidend. Die aufnehmende Gesellschaft bestimmt den Wertansatz in der Aufnahmebilanz (§ 20 Abs. 4 UmwStG)

Wird der Buchwertansatz gewählt, entsteht kein Veräußerungsgewinn. Bei der GmbH reicht es aus, wenn das haftende Stammkapital mit 25.000 € ausgewiesen wird. Den verbleibenden Betrag von 125.000 € können Fein und Kost als Verbindlichkeiten gegenüber den Gesellschaftern oder als Kapitalrücklage ausweisen.

Die Abschreibung für die bisherigen Wirtschaftsgüter ist unverändert fortzuführen (§ 22 Abs. 1 UmwStG).

Die Buchwertfortführung ist an eine Sperrfrist von sieben Jahren gebunden. Dabei gilt:

Antrag auf Eintragung in das Handelsregister	
bis zum 12.12.2006	**nach** dem 12.12.2006

Die durch die Sachgründung entstandene Beteiligung trägt den steuerlichen Fachbegriff „einbringungsgeborene" Anteile (§ 21 UmwStG). Werden diese mit dem gesamten Nennkapital veräußert, entsteht ein nach §§ 16 und 34 EStG tarifbegünstigter Veräußerungsgewinn. Bei einem Verkauf **nach sieben Jahren** ist das Halb-Teileinkünfteverfahren anzuwenden (§ 3 Nr. 40 Satz 4a EStG).

werden die Anteile veräußert, wird **rückwirkend** ein Einbringungsgewinn versteuert (§ 22 Abs. 1 UmwStG). Dieser mindert sich um 1/7 für jedes Jahr nach dem Einbringungszeitpunkt.
Der Gesellschafter muss jährlich den Nachweis der **Nicht-**veräußerung erbringen (§ 22 Abs. 3 UmwStG, BMF-Schreiben vom 4.9.2007, IV B 2 - S 1909/07/0001).

Bei einem **Zwischenwert**ansatz entsteht ein laufender Gewinn, der nicht nach § 34 EStG begünstig ist. Die Abschreibungsgrundlagen werden um die zusätzlichen Anschaffungskosten in Höhe der aufgedeckten stillen Reserven erhöht. Auch in diesem Fall sind die Anteile für einen Zeitraum von sieben Jahren „steuerverhaftet" (s. Buchwertansatz).

Setzt die GmbH die gemeinen **Werte** an, entsteht bei Fein und Kost ein Veräußerungsgewinn. Der Unterschiedsbetrag zwischen Buchwert und Teilwert ist nach §§ 16, 34 EStG begünstigt (§ 20 Abs. 5 UmwStG).

Leitsatz 51

Sachgründung

Die Einbringung von Wirtschaftsgütern einer Personengesellschaft in eine neu gegründete GmbH wird als Sachgründung bezeichnet. Besteht die Gegenleistung in der Gewährung von Gesellschaftsrechten, kann nach § 20 UmwStG

- der Buchwert
- ein Zwischenwert oder
- der gemeine Wert

bei der GmbH angesetzt werden. Die Ausübung dieses Wahlrechts hat unmittelbare Auswirkungen darauf, ob die bisherigen Mitunternehmer keinen Gewinn, einen laufenden Gewinn oder einen Veräußerungsgewinn versteuern.

Verschleierte Sachgründung

Fall 118

Fein und Kost wählen zur Umwandlung ihrer Restaurant-GbR aus zivilrechtlichen Vereinfachungsgründen (Nachweis über Wert der Wirtschaftsgüter, Sachgründungsbericht) eine andere zeitliche Reihenfolge. Sie gründen eine neue GmbH durch Bareinlage und erhalten Gesellschaftsanteile. Anschließend verkaufen sie die Wirtschaftsgüter der Personengesellschaft an die GmbH. Diese zahlt mit dem eingezahlten Bargeld und übernimmt Schulden.

Fällt dieser Vorgang unter das Umwandlungssteuergesetz?

Diese Umwandlungsform bezeichnet das Finanzamt als **verschleierte Sachgründung**. Der Vorgang fällt nicht unter § 20 UmwStG, da die Einbringung nicht gegen neue Gesellschaftsanteile erfolgte, sondern gegen (Bar-)Zahlung und Übernahme von Verbindlichkeiten (vgl. BFH-Urteil vom 01.07.1992, I R 5/92, BStBl II 1993, 131 und vom 14.01.1993, IV R 121/91, BFH/NV 1993, 525). Die GbR muss die stillen Reserven aufdecken, soweit der Kaufpreis über dem Buchwert liegt.

Leitsatz 52

Verschleierte Sachgründung

Die Übertragung von Betriebsvermögen einer Personengesellschaft auf eine bereits bestehende GmbH, bei der der Kaufpreis mit der geleisteten Einlage oder aber mit der Übernahme von Schulden erbracht wird, ist eine verschleierte Sachgründung. Die Gegenleistung besteht nicht in der Gewährung von Gesellschaftsrechten, sondern in einem Kaufpreis. Dieser Vorgang fällt nicht unter das Umwandlungssteuergesetz. Es entsteht ein Veräußerungsgewinn.

Sachkapitalerhöhung

Fall 119

Das Restaurant wollen Fein und Kost künftig in Form einer GmbH führen. Hierfür haben sie bereits eine GmbH mit einem Stammkapital von 50.000 € gegründet. Das bisherige Betriebsvermögen der GbR bringen sie mit dem Buchwert von 150.000 € ein. Für den Erhöhungsbetrag von 100.000 € werden neue Geschäftsanteile ausgegeben.

Müssen stille Reserven nach dem Umwandlungssteuergesetz aufgedeckt werden?

Die Übertragung wird als **Sachkapitalerhöhung** bezeichnet, da die Erhöhung des Stammkapitals nicht durch Geldeinlagen, sondern durch Übertragung des Betriebs auf die GmbH (§ 5 Abs. 4 GmbHG) im Wege der Einzelrechtsnachfolge erfolgt. Durch die Gewährung neuer Gesellschaftsrechte handelt es sich um einen Fall des § 20 UmwStG, d.h. die GmbH kann wählen, ob sie für das eingebrachte Betriebsvermögen den Buchwert, einen Zwischenwert oder den gemeinen Wert ansetzt.

Leitsatz 53

Sachkapitalerhöhung

Die Einbringung einer Personengesellschaft in eine schon bestehende GmbH im Rahmen einer Kapitalerhöhung ist nach § 20 UmwStG wie eine Sachgründung (s.o.) zu beurteilen.

Anwachsung

Fall 120

Fein und Kost haben ihr Restaurant bisher als GmbH & Co. KG geführt. Sie beschließen; die Kommanditisten-Stellung ohne Entschädigung aufzugeben und scheiden aus der GmbH & Co. KG aus.

Wer wird Eigentümer des Betriebsvermögens und entsteht ein Gewinn?

Die zivilrechtliche Folgerung aus der Aufgabe der Gesellschafterstellung ist, dass das Gesellschaftsvermögen den verbleibenden Gesellschaftern, hier der GmbH zuwächst (**Anwachsung** nach § 738 BGB, § 105 Abs. 2 HGB). Durch den Verzicht auf eine angemessene Abfindung geht das bisherige Gesellschaftsvermögen von Fein und Kost als verdeckte Einlage in das Vermögen der bisherigen Komplementär-GmbH über. Die Kommanditgesellschaft erlischt ohne Liquidation. Fein und Kost geben auf diesem Weg ihren Mitunternehmeranteil auf, d.h. sie müssen nach § 16 Abs. 3 Satz 1 EStG einen Aufgabegewinn versteuern.

Fall 121

Das Gesellschaftsvermögen der bisherigen GmbH & Co. KG ist so hoch, dass Fein und Kost gleichzeitig mit der Übertragung an die Komplementär-GmbH eine Kapitalerhöhung beschließen.

Müssen stille Reserven aufgedeckt werden?

Die Übertragung von Wirtschaftsgütern an eine Komplementär-GmbH mit gleichzeitiger Erhöhung des GmbH-Kapitals ist wie eine Einbringung der Mitunternehmeranteile gegen Gesellschaftsrechte zu betrachten. Das Finanzamt spricht in diesem Fall von einem **erweiterten Anwachsungsmodell**. Der Anwachsungsvorgang wird für Fein und Kost als Sacheinlage nach § 20 UmwStG behandelt, so dass die GmbH wählen kann, mit welchem Wert das eingebrachte Betriebsvermögen bilanziert wird.

Leitsatz 54

Anwachsung

Bei Übertragung des Gesellschaftsvermögens einer GmbH & Co. KG auf die Komplementär-GmbH handelt es sich um eine Anwachsung, die zu einer Aufgabe der Mitunternehmeranteile der ausgeschiedenen Gesellschafter führt. Eine Behandlung nach § 20 UmwStG und damit eine Buchwertfortführung ist nicht möglich.
Eine Einbringung, die mit einer Kapitalerhöhung bei der GmbH verbunden ist, führt dazu, dass als Gegenleistung für die Einlageverpflichtung (neue) Gesellschaftsrechte gewährt werden. Bei diesem erweiterten Anwachsungsmodell hat die GmbH nach § 20 UmwStG ein Wahlrecht für die eingebrachten Wirtschaftsgüter.

Formwechsel

Fall 122

Fein und Kost wollen ihre Restaurat-OHG in eine GmbH umwandeln. Sie gehen zu einem Notar um eine Umwandlung nach §§ 190 ff. UmwG zu beurkunden. Die formellen Dinge wie Umwandlungsbeschluss, Umwandlungsbericht usw. werden erfüllt.

Wie wird der Formwechsel steuerlich beurteilt?

Handelsrechtlich bewirkt der Formwechsel nur eine Änderung der Rechtsform des Unternehmensträgers, ohne dass die rechtliche Identität geändert wird. Die Umwandlung führt nicht zu einem Vermögensübergang. Steuerlich bringen Fein und Kost ihre Mitunternehmeranteile in die GmbH ein. Über die Vorschriften der §§ 25 i.V.m. § 20 UmwStG hat die aufnehmende GmbH das Wahlrecht, den Buchwert, einen Zwischenwert oder den gemeinen Wert anzusetzen (BMF-Schreiben vom 04.07.2006, IV B 2-S 1909-12/06, BStBl I 2006, 445 und BFH-Urteil vom 19. Oktober 2005, I R 38/04, BStBl II 2006, 568).

Leitsatz 55

Formwechsel GmbH

Eine förmliche Umwandlung einer Personengesellschaft in eine GmbH nach § 191 UmwG berührt die Identität der Gesellschaft nicht. Lediglich die Rechtsform des einen Rechtsträgers wird umgewandelt. Die bisherigen Anteilsinhaber bleiben gleich. Diese nur für Personenhandelsgesellschaften (also nicht für die GbR) mögliche Umwandlung wird steuerlich nach §§ 25, 20 UmwStG wie eine Einbringung des Betriebsvermögen in eine Kapitalgesellschaft behandelt. Wird als Gegenleistung wenigstens **ein** GmbH-Anteil gewährt, kann das eingebrachte Betriebsvermögen mit dem Buchwert, einem Zwischenwert oder dem gemeinen Wert angesetzt werden.

Verschmelzung

Fall 123

Neben der Restaurant-OHG haben Fein und Kost eine weitere Gesellschaft in Form einer Feinschmecker-GmbH. Bei einem Notar schließen sie einen förmlichen Verschmelzungsvertrag nach §§ 2 ff. UmwG. Der Verschmelzungsbericht ist ordnungsgemäß und die Eintragung der Verschmelzung in das Handelsregister sind vollzogen. Fein und Kost erhalten neue Gesellschaftsanteile an der GmbH.

Wird die Verschmelzung vom Umwandlungssteuergesetz erfasst?

Eine Verschmelzung führt zur Übertragung von Vermögen im Wege der Gesamtrechtsnachfolge, es handelt sich handelsrechtlich nicht um eine identitätswahrende Betriebsfortführung. Gleichwohl geht das Steuerrecht nach §§ 25, 20 UmwStG davon aus, dass Mitunternehmeranteile - nicht die Personengesellschaft selbst - gegen Gewährung von Gesellschaftsanteilen eingebracht werden. Als Rechtsfolge kann die Feinschmecker-GmbH die bisherigen Buchwerte fortführen, alternativ Zwischenwerte oder den gemeinen Wert ansetzen.

Leitsatz 56

Verschmelzung auf GmbH

Bei Verschmelzung auf eine GmbH geht das Betriebsvermögen durch Gesamtrechtsnachfolge über. Das Steuerrecht geht von einer Einbringung von Mitunternehmeranteilen gegen Gewährung von Gesellschaftsrechten aus. § 25 UmwStG verweist auf die Anwendung von § 20 UmwStG, wonach mit dem Einbringungsvorgang bei der GmbH das Wahlrecht zum Wertansatz der eingebrachten Wirtschaftsgüter verbunden ist.

Übersicht 18: Beendigung der Personengesellschaft

Beendigung	Merkmale	steuerliche Folgen
Ausscheiden letzter Gesellschafter	verbleibender Gesellschafter übernimmt	Verbleibender Gesellschafter wird Gesamtrechtsnachfolger (= Einzelunternehmer).
	Mitunternehmeranteil ☛ oder	Es entsteht ein Veräußerungsgewinn nach §§ 16 Abs. 4, 34 EStG
	erwirbt den gesamten Betrieb ☛	Veräußerungsgewinn für den Anteil des ausgeschiedenen Gesellschafter, laufender Gewinn für den Anteil des Übernehmenden Gesellschafters

		Der übernehmende Gesellschafter hat weitere Anschaffungskosten
Veräußerung des Betriebs	wesentliche Betriebsgrundlagen gehen gegen Entgelt über, Erwerber muss den geschäftlichen Organismus fortführen können	aufgedeckte stille Reserven – außer Waren – sind Veräußerungsgewinn, Tarifermäßigung nach § 34 EStG und ggf. Veräußerungsfreibetrag nach § 16 Abs. 4 EStG sind anzusetzen.
Aufgabe des Betriebs	wesentliche Betriebsgrundlagen werden in einem einheitlichen Vorgang veräußert oder entnommen. Selbständiger Organismus des Wirtschaftslebens besteht nicht mehr	wie bei Veräußerung
Realteilung	Ein oder mehrere Gesellschafter erhalten einen Teilbetrieb, Mitunternehmeranteile oder einzelne Wirtschaftsgüter	Buchwertfortführung, außer für – entnommene Wirtschaftsgüter – Zahlung eines Wertausgleichs – nachträglichem Verkauf / Entnahme innerhalb von 3 Jahren – Übertragung auf eine Körperschaft
Betriebsabwicklung	Der Betrieb wird nach und nach, nicht in einem einheitlichen Vorgang veräußert. Zeitspanne je nach Betrieb bis zu 36 Monate.	Der Verkauf oder die Entnahme der Wirtschaftsgüter führen zu einem laufenden Gewinn.

Wechsel zu anderer Personengesellschaft		
Rechtsform-wechsel	Die Umwandlung erfolgt automatisch durch Änderung der betrieblichen Verhältnisse	Die Besteuerung ist unverändert, sofern die Gesellschaft identitätswahrend fortgeführt wird (ohne Gesellschafter-wechsel oder Anteilsänderung)
	Die Umwandlung wird durch die Gesellschafter veranlasst.	Besteuerung unverändert Ausnahme: Wahlrecht zum Wertansatz nach § 24 UmwStG, wenn die Gesellschafter formell eine Auflösung und anschließende Einbringung in die neue Gesellschaft beschließen
Verschmelzung Gesamtrechtsnachfolge	Übertragung des Vermögens auf eine bestehende Personengesellschaft	Einbringung von Mitunternehmeranteilen nach § 24 UmwStG, Wahlrecht zum Wertansatz bei dem eingebrachten Betriebsvermögen
Wechsel zu einer Körperschaft (GmbH)		
Sachgründung Einzelrechts-nachfolge	Einbringung von Mitunternehmeranteilen gegen Gewährung von Gesellschaftsrechten	Wahlrecht nach § 20 UmwStG zum Wertansatz bei dem eingebrachten Betriebsvermögen
verschleierte Sachgründung Einzelrechts-nachfolge	Wirtschaftsgüter werden von der GmbH erworben	Kein Vorgang des UmwStG, Aufdeckung stiller Reserven
Sachkapital-erhöhung Einzelrechts-nachfolge	Vermögensübertragung mit Erhöhung der bisherigen Gesellschaftsanteile	Wahlrecht nach § 20 UmwStG zum Wertansatz bei dem eingebrachten Betriebsvermögen

Anwachsung	Vermögen der bisherigen GmbH & Co. KG wächst der verbleibenden GmbH zu	Aufgabe nach § 16 Abs. 3 EStG, Kein Vorgang des UmwStG; bei neuen Gesellschaftsanteilen (erweitertes Anwachsungsmodell) Rechtsfolge wie bei Sachkapitalerhöhung
Formwechsel Gesamtrechtsnachfolge	Rechtskleid der Gesellschaft ändert sich, Umwandlung nach §§ 190 ff. Umwandlungsgesetz	Einbringung von Mitunternehmeranteilen nach §§ 25, 20 UmwStG, Wahlrecht zum Wertansatz bei dem eingebrachten Betriebsvermögen
Verschmelzung Gesamtrechtsnachfolge	Vermögensübertragung auf neue Gesellschaft nach §§ 2 ff. UmwG.	Rechtsfolgen wie bei Formwechsel

VII. Personengesellschaft und Ausland

Lektion 17: Internationale Aspekte

Bei der Internationalisierung im Wirtschaftsleben erstrecken sich die betrieblichen Aktivitäten von

- inländischen Personengesellschaften auch auf das Ausland
- ausländischen Personengesellschaften auch auf das Inland.

Vom Grundsatz her sind die Fiskalinteressen von zwei Staaten berührt. Zur Besteuerung in diesen Fällen ist das BMF-Schreiben vom 16.4.2010, IV B2-S1300/09/10003, 2009/0716905, BStBl I 2010, 354 ergangen.

Inländische Personengesellschaft mit Einkünften aus dem Ausland

Fall 124

Die inländische BAU-GbR mit den inländischen Gesellschaftern Stein und Sand hat einen Auftrag aus dem Ausland erhalten. Gegenstand des Vertrags ist

a) der Isolierputz an einem Einfamilienhaus, Bauzeit drei Monate

b) die Errichtung eines Fabrikgebäudes, Bauzeit ca. 1 ½ Jahre.

Welcher Staat darf besteuern?

Das Besteuerungsrecht zwischen zwei Staaten richtet sich nach dem Doppelbesteuerungsabkommen. Dieses regelt, welcher von beiden Staaten besteuern darf. Ausgangspunkt ist das OECD-Musterabkommen, an dem sich die meisten tatsächlich abgeschlossenen Doppelbesteuerungsabkommen orientieren. Im Regelfall gilt, dass das Unternehmen eines Vertragsstaats besteuern darf (Art. 7 Musterabkommen). Bei Personengesellschaften besteht aber die Besonderheit, dass diese meist nicht als Personen im Sinne eines Doppelbesteuerungsabkommens gelten, abkommenberechtigt sind vielmehr die Gesellschafter (Transparenzprinzip). Jeder Gesellschafter einer Personengesellschaft hat ein Unternehmen. Der Staat hat daher das Besteuerungsrecht, in dem die Gesellschafter wohnen.

In unserem Fall darf der deutsche Fiskus nach dieser Grundregel besteuern.

Eingeschränkt wird dieser Grundregel aber durch dass Betriebsstättenprinzip. Sofern im Ausland eine Betriebsstätte besteht, hat insoweit der andere Staat das Besteuerungsrecht. Eine Betriebsstätte liegt vor, wenn im anderen Staat – vereinfacht dargestellt – eine feste Geschäftseinrichtung (Ort der Leitung, Zweigniederlassung usw.) oder eine Bauausführung oder Montage von mehr als 12 Monaten besteht oder aber ein abhängiger Vertreter im Auftrag des Unternehmens handelt.

Im Fall a) ist im Ausland weder eine feste Einrichtung noch – unterzeitlichen Gesichtpunkten – eine Bau- oder Montagestätte vorhanden. Den Gesamtgewinn besteuert daher der deutsche Fiskus.

Anders sieht es im Fall b) aus. Allein aufgrund der langen Bauzeit kann im Ausland durch Baumaschinen usw. eine feste Einrichtung entstehen, in jedem Fall ist durch die Bauzeit von 18 Monaten eine Bau- oder Montagestätte entstanden. Den Gewinn aus der Errichtung des Fabrikgebäudes darf daher nur der ausländische Staat besteuern.

Arbeitet die Personengesellschaft in einem Staat, mit dem **kein Doppelbesteuerungsabkommen** besteht, gilt für die Gesellschafter das Welteinkommensprinzip. Alle in- und ausländischen Einkünfte sind in Deutschland zu versteuern. Eine Doppelbesteuerung kann durch Anrechnung oder Abzug von ausländischen Steuern vermieden werden (§ 34c EStG).

Übt die Personengesellschaft keine gewerbliche, sondern eine **vermögensverwaltende** Tätigkeit aus, gilt nicht das Betriebsstättenprinzip. Es handelt sich nicht um Unternehmensgewinne. In diesen Fällen hat der Staat das Besteuerungsrecht,

- in dem das Vermögen liegt, z.B. Immobilienvermietung

- in dem die Gesellschafter wohnen, z.B. Kapitalvermögen, Lizenzrechte

Leitsatz 57

Ausländische Einkünfte inländischer Personengesellschaften

Bei einem Doppelbesteuerungsabkommen sind die Gesellschafter einer Personengesellschaft nach dem Transparenzprinzip abkommensberechtigt. Die Besteuerung richtet sich daher nach dem für den jeweiligen Gesellschafter anwendbaren Doppelbesteuerungsabkommen. Im Ergebnis hat der Staat das Besteuerungsrecht, in dem der Unternehmer wohnt oder aber den Betrieb führt. Ein Wechsel des Besteuerungsrechts tritt nur ein, wenn in dem anderen Staat eine Betriebsstätte besteht und dieser Betriebsstätte die Gewinne zuzurechnen sind.

Ausländische Personengesellschaft mit Einkünften aus dem Inland

Fall 125

Eine ausländische Personengesellschaft, Heizungsbaufirma, mit zwei ausländischen Gesellschaftern ist an der Errichtung eines Kraftwerks in Deutschland beteiligt. Mehrere Arbeitnehmer arbeiten über neun Monate an der Heizungs- und Klimaanlage.

Diese fahren täglich vom ausländischen Betriebssitz nach Deutschland.

Welcher Staat darf besteuern?

Zu Besteuerung ist zunächst zu klären, ob die ausländische Gesellschaft einer deutschen Personengesellschaft entspricht. Dies wird durch einen Rechtstypenvergleich festgestellt, d.h. es wird verglichen, ob die Gesellschaft nach Ihrer Struktur, Gesellschafterstellung usw. einer deutschen Personengesellschaft entspricht.

Im nächsten Schritt wird dann auf die Abkommensberechtigung abgestellt. Sofern nach dem Rechtstypenvergleich eine Personengesellschaft vorliegt, kann man dem Regelfall entsprechend davon ausgehen, dass die Gesellschafter - nicht die Gesellschaft - abkommensberechtigt sind.

Im Fall 125 sind ausländische Gesellschafter beteiligt, so dass jeder Gesellschafter -ein Unternehmen im anderen Staat hat. Damit steht das Besteuerungsrecht grundsätzlich dem ausländischen Staat zu.

Eine Einschränkung kann durch das Betriebsstättenprinzip bestehen. Sofern in Deutschland eine Betriebsstätte besteht, hat insoweit der deutsche Fiskus das Besteuerungsrecht. Die Arbeitsausführung durch Arbeitnehmer, die täglich vom Ausland nach Deutschland fahren, führt nicht zu einer festen Geschäftseinrichtung nach dem Musterabkommen. Auch ist die Montage- oder Bautätigkeit nicht als Betriebsstätte anzusehen, da der 12-Monats-Zeitraum nicht überschritten wird. Der deutsche Fiskus darf daher nicht besteuern.

Hat der deutsche Fiskus nach dem Abkommensrecht das Besteuerungsrecht, darf er nur Steuern erheben, wenn inländische Einkünfte nach § 49 EStG vorliegen. Der Gesellschafter wird in diesem Fall als beschränkt Steuerpflichtiger behandelt. Hierbei taucht nochmals der Begriff der „Betriebsstätte" auf. Ob eine Betriebsstätte nach inländischem Recht vorliegt, ist nach §§ 12 und 13 Abgabenordnung zu beurteilen. Die Definition nach Abkommensrecht und nach der Abgabenordnung ist weitgehend deckungsgleich, so dass hier keine besondere Differenzierung erforderlich ist. Eine wesentliche Ausnahme besteht bei Bauausführungen oder Montagen. Nach der Abgabenordnung liegt hierbei bereits bei einer Dauer von mehr als sechs Monaten eine Betriebsstätte vor.

Im Ergebnis müssen ausländische Gesellschafter ihre Einkünfte aus einer Bauausführung oder Montage dann in Deutschland versteuern, wenn auch in einem konkreten Doppelbesteuerungsabkommen ein Zeitraum von mehr als sechs Monaten vereinbart ist.

Leitsatz 58

Ausländische Gesellschaften mit inländischen Einkünften

Bei aus dem Ausland operierenden Personengesellschaften versteuern die Gesellschafter in Deutschland nur Einkünfte, wenn

- das Doppelbesteuerungsabkommen Deutschland das Besteuerungsrecht zuweist und
- inländische Einkünfte im Sinne des § 49 EStG erzielt werden

Übersicht 19: Personengesellschaft und Ausland

Inländische Personengesellschaft mit **aus**ländischen Einkünften		
Es besteht **kein** Doppelbesteuerungsabkommen	Sämtliche in- und ausländische Einkünfte muss der Gesellschafter in Deutschland versteuern, unabhängig von der Art der Einkünfte. Ausländische Steuern können angerechnet oder abgezogen werden	§ 1 EStG § 34c EStG
Es besteht **ein** Doppelbesteuerungsabkommen	Die Personengesellschaft ist in der Regel nicht abkommenberechtigt, sondern die Gesellschafter.	
Gewerbliche Einkünfte	Der Unternehmensstaat (der Gesellschafter) besteuert. Der Betriebsstättenstaat darf insoweit beteuern als der Gewinn auf die im anderen Staat gelegene Betriebsstätte entfällt.	Musterabkommen Art. 7, 5
Vermögensverwaltende Einkünfte	Das Besteuerungsrecht hat - Der Lagestaat bei unbeweglichem Vermögen - Der Wohnsitzstaat der Gesellschafter bei Zinsen, Dividenden und Lizenzzahlungen	Musterabkommen Art. 6 Art. 10, 11, 12
Ausländische Personengesellschaft mit **in**ländischen Einkünften		
Gewerbliche und vermögensverwaltende Einkünfte	Eine Besteuerung in Deutschland erfolgt nur, wenn - Inländische (Betriebsstätten-)Einkünfte vorliegen - Deutschland nach dem Doppelbesteuerungsabkommen das Besteuerungsrecht hat	§ 49 EStG OECD-Musterabkommen

* * *

Liebe Leserinnen, liebe Leser,

dieses Buch hat Ihnen einen

- Einblick und
- Überblick

zur Besteuerung von Personengesellschaften geben. Vermittelt hat Ihnen das Buch die Grundlagen, bei denen eine gewisse Beständigkeit des Rechts besteht. Eine Weiterentwicklung des Rechts ist vor allem innerhalb der EU unter dem Gesichtspunkt der Warenverkehrsfreiheit, Niederlassungsfreiheit und Kapitalverkehrsfreiheit zu erhoffen. Aber Achtung: Bei problematischen Einzelfällen oder geplanten Gestaltungen solle aufgrund der Vielfalt und dem Wechsel des deutschen Steuerrechts weitergehende Literatur oder aber ein Vertreter der steuerberatenden Berufe zur Hilfe genommen werden.

Anregungen, Kritik oder Verbesserungen sehen Autor und Verlag mit Interesse entgegen.

Ihr
Franz Heinen

Leitsatzverzeichnis

A

B

D

E

F

G

H

I

K